비난의
역설

비난의 순기능에 관한
대담한 통찰 ————————

비난의
역설

스티븐 파인먼 지음
김승진 옮김

나
아날로그

| 차례 |

비난은 문제의 시작이 될 수도,
문제를 풀어나가는 해결책이 될 수도 있다

비난은 매우 흥미로운 현상이다. 비난은 우리의 삶을 형성한다. 비난은 우리가 스스로를 자리매김하기 위해 사용하는 온건한 방법일 수도 있고, 부드러운 언쟁일 수도 있으며, 상대방에게 독이 되고 커다란 상처와 충격을 주는 일일 수도 있다. 비난은 결혼 생활을 깨뜨릴 수도 있고, 직장 동료와의 관계를 망가뜨릴 수도 있다. 중요한 사회적 프로젝트를 무산시킬 수도 있고, 막강한 기업에 심각한 손해를 입힐 수도 있다. 정부를 뒤엎을 수도 있고, 전쟁을 일으킬 수도 있으며, 인종 학살을 정당화하는 데 쓰일 수도 있다.

일상에 너무나 깊숙하게 스며들어 있다 보니, 비난은 '으레 있는 일'로 당연하게 여겨지기 쉽다. 아무 신문이든 하나 펼쳐보라. 무언가에 대해 비난하는 기사가 숱하게 실려 있을 것이다. 〈뉴욕 타임스〉 12개월 치를 '비난'이라는 단어로 검색하면 1만 1000건가량의 기사가 나온다. 우리는 '비난 강박' 상태에서 살고 있는 듯하다. 그리고 비난거리에 대한 우리의 판단은 상당 부분 뉴스에, 즉 뉴스의 기제와 정치 동학에 좌우된다. 잠재된 공포를 자극하고 특정 대상을 손가락질하는 것이 이른바 '잘 팔리는 기사'를 만드는 공식임은 널리 알려진 바이며, 때로 언론은 이런 점을 대놓고 활용한다.

비난은 어떤 문제를 '설명'해주는 듯 보이기 때문에 주목받는다. 왜 실업 문제가 생기는가? '정부가 잘못해서 그렇다.' '외국인이 우리 일자리를 다 가져가서 그렇다.' 왜 범죄가 증가하는가? '경찰이 무능해서 그렇다.' '가출 청소년 때문에 그렇다.' 왜 교통사고가 증가하는가? '멍청한 운전자들 때문에 그렇다.' '미친 10대들 때문에 그렇다.' 비난은 무언가에 의미를 갖다 붙이고 그것을 다른 이들과 공유할 수 있는 간편한 방법이다. 또 비난은 위협이나 상처나 슬픔을 느낄 때 곧바로 가져다 쓰기 만만한 것이기도 하다. 비난은 상대방에 대한 추궁의 언어이자 자신에 대한 보호의 언어다. 그리고 많은 경우 비난에는 감정이 실린다. 우리는 대개 화나고 분하고 치가 떨려서 비난을 하는데 이런 감정은 우리의 시야를 급격하게 좁혀버린다.

어떻게 해서 비난이 우리 삶에 이토록 중요해졌을까? 비난은 어떤 좋고 나쁜 결과들을 낳았을까? 이 책은 이런 문제에 대해 답을 찾아나가려는 시도다. 교과서처럼 종합적으로 다루었다고 자처할 수는 없다. 나는 비난에 대한 논의 중 생각할 만한 점이 있는 주제들을 골랐고, 특히 심리학과 사회학적 관점에서 탐구할 수 있는 것을 중심 내용으로 삼았다.

합당한 비난과 분노가 아무 역할도 하지 않는 사회는 상상하기 어렵다. 비난이 없다면 도덕규범(그 규범의 기원이 무엇이건 간에)은 실천이 보장될 수 없고 법적 구조도 지탱될 수 없다. '비난(blame)'의 어원은 고대 기독교에서 훈계와 배척을 의미하던 '블라스페마레(blasphemare: 악한 말을 하다)'다. 비난은 흥미로운 역설을 담고 있다. 사회에 필요하고 순기능적인 속성이 있는 한편 뒤틀리고 파괴적인 속성 또한 갖고 있다.

자고로 사회에서 비난은 구별 짓기의 기제로 사용돼왔다. 특정한 집단에 속하는 사람들은 그들이 누구인지, 혹은 그들이 무엇을 나타내는지를 가지고 비난받았다. 중세에 마녀가 비난의 대상으로 지목됐다면 오늘날에는 동성애자, 소수 인종, 집시, 난민 등이 비난과 배척의 대상이 되곤 한다. 하나의 집단이 악마화의 대상에서 벗어나면 비난은 다른 집단으로 옮겨간다. 하나의 편견을 걷어내고 나면 그만큼이나 뿌리 깊은 또 다른 이념과 걱정이 드러나곤 한다. 그러한 편견은 종교적 신념에서 나오기도 하고 일탈자나 이방인이 '정상적'인 삶의 방식을 위협한다는 불안감에서 나오기도 한다. 이러한 '타자'들은 희생양, 즉 다수의 사람들이 자신의 문제에 대해 탓을 돌리며 비난하는 표적이 된다.

부당하게 비난받았다는 느낌은 당사자에게 오래도록 상처를 남긴다. 때로는 감정의 상처가 평생 영향을 미치기도 한다. 집단 괴롭힘과 따돌림의 피해자 상당수가 이런 후유증을 겪는다. 오늘날에는 집단 괴롭힘이 오프라인뿐 아니라 온라인에서도 이뤄진다. 온라인에서의 권력 남용도 오프라인에서만큼이나 강력하다. 이러한 권력 남용 현상을 접하다 보면, 대관절 가해자는 어떤 사람이며 괴롭히는 동기가 무엇인지 궁금해진다. 권력 남용은 '비난 문화'가 팽배한 조직에서 만연한다. 비난 문화가 지배하는 조직은 제품의 결함이나 오류, 혹은 그 밖의 어떤 잘못이 발생했을 경우에 하급 관리자나 현장 직원처럼 저항 또는 반박에 나서기 가장 어려운 위치에 놓인 사람에게 탓을 돌리는 경향이 강하다.

2005년에 발생한 서일본 여객 철도 사고가 그러한 비난 문화를 단적으로 보여줬다. 2005년 4월, 만원인 통근 열차가 과속으로 달리다 탈선해서 기관사와 승객 106명이 목숨을 잃었다. 진상 조사 결과, 기관사들을 만성적으로 괴롭히던 비난 문화의 공포가 드러났다. 극도로 빡빡한 운행 일정의 압박 속에서, 열차가 지연되면 기관사가 비난을 뒤집어썼다. 지연이 발생했을 때 기관사가 받게 되는 징계는 가혹했다. '일근 교육'이라는 이름으로 반성문 쓰기, 상사 면담이라는 명목의 언어폭력, 굴욕스러운 단순 업무 등의 징벌적 조치가 가해졌다. 당연하게도 기관사들은 실수를 하면 무슨

수를 써서라도 덮으려 했고 열차 지연을 필사적으로 막으려 했다. 그날에는 기관사의 필사적인 노력이 참사로 이어졌다(그날 사고 열차를 몰던 기관사는 정차 위치를 지나서 정차하는 '오버런'을 했고, 위치 재조정 등으로 지연된 시간을 만회하기 위해 과속했다. - 옮긴이).

한편 사회에는 비난 역할을 맡는 사람들이 있다. 바로 기업과 정부가 설명 책임(accountability: 이 책에서 이 용어는 '어떤 사람이나 기관이 정당하게 질문할 자격이 있는 사람들에게 자신의 활동이나 의사 결정에 대해 합당한 설명을 할 책임과 의무'라는 의미로 쓰인다. 우리말로는 '설명 책임'으로 옮겼으며, 문맥에 따라 '책무'라고 번역했다. - 옮긴이)을 다하도록 만들려는 개인과 단체들이다. 이들은 권력과 특권의 남용, 부패와 비윤리적 행동 등을 찾아내고 드러낸다. 비정부기구(NGO), 규제 당국, 감사인, 주주, 언론, 소셜 미디어, 내부 고발자 등 다양한 사람과 집단이 이에 해당하며, 이들 전체는 사회적 양심을 대표한다. 하지만 이들은 각기 매우 다른 목적과 활동 방식을 보인다. 공격적이고 급진적인 방식을 취하는 곳도 있고 밋밋하고 관료적인 방식을 쓰는 곳도 있다.

이들이 폭로하는 내용 중 당국자의 뇌물 수수, 불법 어획, 의원들의 부당한 경비 처리와 같이 눈길을 끄는 사안은 언론에 기사화된다. 위키리크스가 미 중앙정보국(CIA) 기밀문서 수천 건을 공개한 것은 특히 많은 주목을 받았는데 미국 정부가 미국 국민과 외국 정치인들을 불법적으로 감시했다는 사실이 드러났기 때문이다. '설명 책임을 다하라.' 이것이 비난하는 역할을 수행하는 사람들의 모토다.

이들은 역풍을 맞기도 한다. 비난의 대상이 된 기업은 홍보 군단으로 무장하고서 비난에 물타기를 할 수 있다. 비난하는 사람들을 비난하는 것이다. 정부는 배신자를 고립시키고 형사 고소를 하는 등의 방법으로 입을 다물게 만들 수 있다. 고위 당국자와 의원들은 자신이 아니라 다른 사람이 한 일이라고 연막을 칠 수 있다. 전임자가 한 일이다, 오해가 있었다, 통계를 잘못 읽었다, 엄밀히 말해 법을 위반한 것은 아니다 등등의 해명을 내놓는 것이다. 물론 이런 방어 전략이 늘 성공하는 것은 아니다. 내부 고발의 역사를 보면 골리앗의 반격에 피투성이가 되면서도 끝내 다윗이 골리앗을 이긴 사례를 종종 발견할 수 있다. 1970년대에 뉴욕 경찰 프랭크 서피코(Frank Serpico)는 경찰의 부패와 뇌물 수수를 내부 고발했다가 몇 년 동안이나 상사와 동료의 조롱과 보복에 시달렸다. 하지만 경찰부패척결위원회에서 서피코의 말이 사실임이 밝혀졌고, 오늘날 서피코는 경찰이 조직 문화를 쇄신하도록 기여한 공로를 인정받고 있다.

정당한 사유로 비난받았을 때, 그리고 비난받을 만하다는 것을 본인이 인정했을 때는 사과가 건설적인 문제 해결에 도움이 된다.

옥스퍼드 영어 사전에 따르면 '사과(apology)'는 '자신의 잘못, 또는 자신이 상대방에게 가한 모욕 등을 후회하며 인정하는 것'을 뜻한다. 사과의 치유 효과는 잘 알려져 있다. 적시에 진심으로 사과하면, 이 문제를 진지하게 생각하고 있으며 해결하려는 의지가 있음을 드러낼 수 있다. 하지만 개인주의적이고 툭하면 소송을 거는 문화에서는 사과가 기껏해야 마지못해 이뤄지는 경우가 많다. 잘못을 인정하는 것은 위험 부담이 따르는 일일 뿐 아니라 자존심 상하는 일이기도 하다. 기업이 잘못을 저지른 경우, 사과하고 잘못을 인정하면 막대한 배상을 해야 할 수도 있다. 그래서 눈살 찌푸려지는 대안을 취하곤 하는데, 바로 비(非)사과성 사과를 하는 것이다. 사과의 모양새는 취하되 정작 비난받는 부분에 대해서는 분명하게 언급하지 않고 얼버무리는 것을 일컫는다.

국가가 과거사에 대해 비난받는 경우에 사과의 정치 동학은 특히나 복잡하고 어려워진다. 현재의 국가수반이 과거에 저질러진 잔혹한 일에 대해 피해자의 후손에게 사과해야 하는가? 이에 대해서는 찬반이 팽팽하게 갈린다. 어떤 사람들은 그런 사과가 쓸모없는 제스처에 불과하며 사건 당시로부터 오랜 시간이 지났을 경우에는 더욱 그렇다고 본다. 반면 어떤 사람들은 고통이란 세대를 거쳐 내려오는 것이며 사과는 고통의 유산을 치유하는 방향으로 나가는 데 꼭 필요한 단계라고 본다.

마지막으로, 비난과 처벌은 형사 제도의 핵심이다. 그런데 누군가가 유죄 판결을 받았다고 해서 그가 피해자와 함께 문제를 해결해나가게 된다는 말은 아니다. 가해자가 형을 사는 것은 피해자에 대해서가 아니라 사회에 대해서 치르는 의무다. 그래서 전통적인 형사 사법 제도는 '반쪽짜리' 정의 실현이라고 지적받기도 한다. 피해자를 배제하기 때문이다. 법정에서 피해자 진술이 이뤄지는 경우가 있기는 하지만 피해자가 필요로 하는 것, 피해자의 고통과 트라우마와 상실감은 거의 다뤄지지 않는다. 이를 해결하기 위한 노력 중 하나가 '회복적 사법(restorative justice)'이다. 회복적 사법은 가해자가 유죄 선고를 받고 형을 마치는 것으로 사건을 마무리하는 것이 아니라 가해자와 피해자가 만나서 상호 이해를 일구는 노력을 하도록 한다. 가해자의 뉘우침과 피해자의 용서를 위한 장이 마련되는 것이다. 회복적 사법은 학교, 직장, 국가 등에도 적용되고 있으며, 비난이 꼭 억울함과 분노의 막다른 골목으로 귀결되는 것은 아님을 보여준다.

위와 같은 문제들, 그리고 이런 문제들이 일으키는 딜레마가 이 책의 주제다. 비난이 세상의 나쁜 일을 전부 설명해주지는 않지만 때로는 상당히 많은 것을 설명해준다.

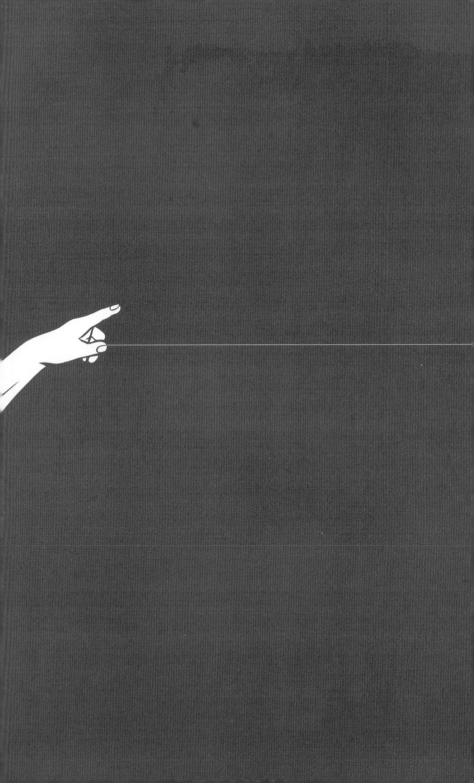

1부

우리는 왜
다른 이를 비난하는가?

타인을 깎아내림으로써 우위에 올라서려는 심리

비난이
일상이 된 사회

사람들은 흔히 남을 비난함으로써 자신의 책임을 회피하려 한다. 이렇게 자신 안에 있는 결점과 잘못을 외부로 돌리는 것은 심리적인 '쓰레기 내버리기'로, 이는 남을 깎아내림으로써 자신의 지위를 올리려는 시도다. 그렇게 자신의 부담을 밖으로 쏟아버리고 나면 적어도 한동안은 좀 더 편한 기분을 느낄 수 있다.

마녀사냥은
반복된다

1692년 2월 29일, 매사추세츠 주 살렘. 엘리자베스 패리스와 애비게일 윌리엄스, 두 소녀는 자신들이 불러일으키게 될 광풍을 상상도 못 했을 것이다. 이 둘은 치안판사의 매서운 눈초리 아래서 겁에 질린 채 세 명의 여자를 손가락으로 가리켰다. 가난한 노인 새러 오스본, 엘리자베스의 아버지 새뮤얼 패리스 목사의 노예 티튜바, 그리고 노숙 걸인인 새러 굿이었다. 마녀를 무서워하라고 인이 박이도록 들어온 엘리자베스와 애비게일은 자신들이 최근에 겪은 발작 증세가 그 세 여자 탓이라고 했다. 두 소녀는 이유 없이 비명을 지르거나 경련을 일으키기도 하고 예측할 수 없는 행동을 보이곤 했는데, 오늘날 같으면 맥각균(곡식에 주로 침범하는 곰팡이균) 중독이라고 진단할 증세였다.

그 이전에도 무언가 안 좋은 일에 대해 마녀 탓을 하는 경향은 오래도록 있어왔다. 마녀에 대한 공포는 유럽 전역에서 종교적 미신으로 깊이 뿌리박혀 있던 것으로, 1300년에서 1600년 사이에 수천 명의 여성이 마녀라는, 또는 악마와 내통했다는 선고를 받았다. 제시된 증거는 대개 조잡하기 짝이 없었다. 그리고 재판이 벌어지는 경우는 그 보다 적었지만 마녀로 고발된 사람의 절반 정도가 처벌을 받았다. 대체로 고문과 처형이었다. 있지도 않은 상상의 죄에 대한 처벌치고는 너무나 가혹했다. 영국에서는 스코틀랜드의 제임스 6세가 《악마론(Daemonologie)》이라는 책을 써서 마녀사냥 광풍에 권위를 한층 보탰다. 그는 자신의 왕국에 마녀들이 사악한 영향을 미치고 있으며 그가 여러 차례 죽음의 문턱까지 갔던 일도 마녀 탓이라고 확신했다.

살렘에서는 그 지역 상황이 마녀사냥 광풍을 일으키는 데 일조했다. 교회 분규 와중이던 1689년에 패리스 목사가 살렘에 부임했는데 그는 상황을 더 꼬이게 만들었다. 패리스 목사의 도발적인 설교가 교인들에게 거부감을 일으켰고 목사는 도덕적인 권위를 잃었다. 또 교회 유지들은 교회가 심각하게 공격받고 있다고 여겼다. 패리스 목사가 보기에 이 모든 것은 악마의 소행이었다. 여기에 전쟁, 질병, 빈곤의 위협이 닥치면서 공포의 불에 기름을 부었다. 희생양이 필요했다. 누군가가 비난을 받아야 했고, 마녀는 여기에 적격이었다. 그러던 차, 티튜바의 자백이 세 여자의 운명을 결정지었다. 티튜바는 치안판사 앞에서 마녀들이 빗자루를 타고 날아다니는 이야기라든지 소녀들의 고통을 줄여주기 위해 거행된 주술 의례 같은 이야기를 했다. 세 여자는 마녀로 선고받고 감옥에 갇혔다. 살렘의 마녀사냥 광풍은 1년 반이나 이어져 1600명이 의심을 받았고 20명이 처형됐다.

마녀의 존재와 마녀의 사악한 힘에 대한 믿음이 과거에나 있었던 기이한 일이라고, 계몽주의 이전 시기의 비이성적 광기였다고 생각해버리면 마음이 편하겠지만 사실은 그렇지가 않다. 유엔 인권위원회 보고서에 따르면, "마녀의 주술에 대한 오랜 믿음은 아프리카 전역에서 아직도 널리 이어지고 있으며 … 결백한 사람들이 막대한 고통을 겪고 있다."[1] 파푸아뉴기니, 사우디아라비아, 인도, 그리고 유럽의 일부 지역에서도 마찬가지다. 마녀는 죽음이나 질병에서부터 사고나 사업 실패에 이르기까지 온갖 문제의 원인으로 비난을 받는다. 주술과 신비주의에 대한 믿음이 널리 퍼져 있는 인도의 가난한 시골 마을에서는 자신이 곤란한 상황에 처한 것을 마녀가 주술을 건 탓으로 돌리는 사람을 왕왕 볼 수 있다. 2011년 인도 중부 차티스가르 주에 살던 어느 가족은 자신들에게 닥친 돈 문제와 건강 문제가 이웃에 사는 마녀 때문이라고 생각했다. 11명이 그 집에 들이닥쳐 그 여자와 남편의 눈을 가위로 찔러 멀게 만들었다.[2] 마녀로 몰린 여성은 알몸으로 조리돌림을 당하거나 죽임을 당하기도 한다. 인도의 부족민 거주 지역 중에는 법이 미치지 않는 곳도 많아서 이런 일이 발생해도 외부로 잘 알려지지 않는다.

마녀의 주술에 대한 공포는 이른바 '예언자 목사'들이 세력을 키우는 데도 활용돼왔다. 예언자 목사는 아프리카 일부 지역에서 교주 역할을 하는 사회 지도자로, 엄청난 부와 개인적인 미디어 채널을 가지고 있는 사람도 있다. 그들은 자신이 '귀신에 썬 사람'을 판별할 수 있으며 '영적으로 치료'할 수 있다고 주장한다. 물론 돈을 받는다. 저서《주술의 신비를 벗기며(Unveiling the Mysteries of Witchcraft)》에서 나이지리아의 여성 교주 헬렌 욱파비오(Helen Ukpabio)는 "만약 두 살이 안 된 어린아이가 밤에 비명을 지르면서 울고 늘 열이 나며 건강이 나빠지고 있다면 사탄이 들어와 있는 것"이라고 설명했는데.³ 욱파비오는 다양한 치료법을 조언했는데, '치유 효과가 있는' 오일과 물약을 사용하는 것뿐 아니라 구타, 눈과 귀에 휘발유 주입, 밥 굶기기, 아이 혼자 방치해 두기 등이 그런 치료법이었다.

유럽에도 마녀 박해 범죄가 존재한다. 2002년에서 2012년 사이 영국에서 종교에 기초한 아동 학대 수사가 83건 이뤄졌는데 그중 일부는 마녀의 주술에 대한 믿음과 관련이 있었다. 15세 소년 크리스티 바무(Kristy Bamu)의 운명이 그런 사례다. 바무는 누이 네 명과 영국에 와서 런던에 있는 큰누나의 아파트에 머물렀다. 큰누나는 콩고 출신 남자친구와 함께 살았는데 둘은 주술과 미신에 푹 빠져 있었다. 이들은 동생들이 사악한 기운을 불러들이고 자신들을 죽이러 왔다고 믿어 동생들을 가혹하게 구타했다. 여동생들이 마녀라고

'자백'을 하고서야 구타를 멈췄다. 바무는 끝내 목숨을 잃었다.[4]

신화, 미신, 공포는 마녀사냥의 뿌리다. 하지만 이제 우리는 '마녀'를 상정하지 않고도 마녀사냥을 할 수 있다. 어느 사람, 어느 집단이라도 마녀사냥의 대상이 될 수 있다. 그들이 문제를 일으키고 있다는 점을 우리가 스스로에게, 그리고 다른 이들에게 충분히 납득시킬 수만 있으면 된다. 그러한 납득의 근거로 쓰는 것 중 하나가 이데올로기다. 매카시즘이 몰아치던 1950년대에 미국에서 '비(非)미국적인 사람들'을 색출하던 것도 그랬고, 나치 시절 독일에서 '인구를 오염시킨다'며 동성애자와 유대인을 탄압한 것도 그랬다. 빈곤이나 고난을 겪는 나라에서는 어느 집단이 경제적으로 성공하면 비난과 공격의 대상이 되기도 한다. 르완다의 투치족과 우간다의 아시아인이 그런 일을 겪었다. 우간다의 마녀사냥은 당시 대통령 이디 아민(Idi Amin)이 진두지휘했다. 아민은 인도인에 대한 오랜 혐오와 공포를 이용해서 신이 그에게 우간다 경제를 '착취하고 있는' 모든 아시아인을 내쫓으라고 지시했다고 주장했다. 이는 5만 명이 허둥지둥 쫓겨나는 대혼란을 불러일으켰다.

마녀사냥은 반복되곤 한다. 그래서 마녀로 몰렸던 생존자들은 결코 완전히 마음을 놓지 못한다. 그들의 종교, 성별, 인종, 아니면 무언가 다른 요인이 또 언제 박해의 이유가 될지 모르기 때문이다.

세계사 속의
희생양들

마녀사냥의 핵심은 희생양 만들기다. 오래전부터 희생양을 만드는 것은 사회가 위협과 걱정에서 스스로를 지키는 수단이었다. 희생양을 만듦으로써 사람들은 자신이 져야 할 비난의 짐을 벗는다. 결백한 표적에게로 비난을 옮겨놓는 것이다. 표적은 개인일 수도 있고 집단일 수도 있다. 인류학자 제임스 조지 프레이저(James George Frazer)의 말을 빌리면, 희생양 만들기는 '자신이 피하고 싶은 문제를 남에게 떠안기는 것'이다.[5] 국가는 자신의 문제를 다른 국가에 떠넘기고, 경영진은 노조에, 노조는 경영진에, 가족은 서로서로에게 문제를 떠넘긴다. 반목하는 부모는 자신의 문제를 자녀에게 떠넘기고, 10대 청소년들은 자신의 잘못을 또래 집단 중 약한 사람에게 떠넘긴다. 경영자는 자기가 내린 판단 착오에 대해 직원을 비난한다. 정부는 정책 실패에 대한 대중의 관심을 다른 데로 돌리기 위해 희생양을 만든다.

성서 시대(BC 17세기~BC 6세기)의 희생양(scapegoat)은 문자 그대로 양(goat)이었다. 당시 사람들은 죄와 불운이 존재들 사이에서 전이된다고 믿었으며, 속죄일(Day of Atonement)에 양이 이스라엘 사람들의 죄를 황야로 가지고 가줄 것이라고 여겼다. 그들은 양이 황야를 떠돌다 죽으면 하느님의 이스라엘 자녀들은 (적어도 1년간은) 죄 사함을 받을 수 있을 것이라고 생각했다. 고대 그리스의 속죄양(pharmakos) 의례도 정화의 의례였다. 다만 여기에서는 죄를 지고 가는 것이 동물이 아니라 인간이었다. 유행병, 기근, 병충해 등이 닥치면 취약 계층 중 누군가가 속죄양이 됐다. 하층민이거나 죄인, 혹은 심하게 용모가 추한 사람이 지목되는 게 보통이었다. 속죄양 의례는 공동체에 너무나 중요해서 속죄양이 될 사람은 1년간 지극정성으로 돌봄을 받고 특별히 정결한 음식을 먹었다. 1년이 지나면 그는 화려한 옷을 입고 마을을 돌며 대대적으로 학대를 당한 뒤 도시에서 쫓겨났다. 속죄양 의례의 형태는 다양했는데, 어느 지역에서는 속죄양인 남성의 성기를 무화과 나뭇가지로 일곱 번 때린 후 장작불에 화형시켰다. 그리고 재를 바다에 뿌려 도시의 죄악을 정화했다.[6]

신체적으로 다른 사람을 희생양으로 삼는 것은 원초적이며 되풀이돼 나타나는 사회적 충동이다. 심리학자 베티 애덜슨(Betty Adelson)은 난쟁이를 희생양으로 삼았던 잉카의 관습을 묘사한 바 있다. 후기 잉카 시절, 왕이 난쟁이를 사로잡아 집에 두었는데, 왕이 죽자 슬픔에 빠진 사람들이 '위대한 왕'은 숨지고 없는데 '인간이 되는 행운을 얻지 못한 비참하고 불운한 자'는 살아있다며 난쟁이를 공격했다고 한다.[7]

오늘날에도 동아프리카의 일부 지역에서는 저주를 받아 불운을 몰고 온다는 이유로 백색증 아이나 어른을 배척한다. 백색증은 색소 부족으로 피부, 머리카락, 눈 등이 흰색을 띠는 희귀병이다. 희생양 만들기를 선동하는 사람들은 신체적 혐오가 주는 파괴력을 놓치지 않고 활용해왔다. 르완다 인종 학살 당시 후투족 정부는 투치족을 '바퀴벌레'라 부르며 박멸해야 한다고 주장했고, 독일에서 나치는 만화와 포스터 등에서 유대인을 굉장히 추하게 묘사했다.

직장에서의
희생양

"나는 2년이나 좌절, 분노, 우울, 탈진, 소외, 피로, 불면을 겪은 뒤에야 사무실이 제대로 돌아가지 않는 것에 대해 내가 표적, 즉 희생양이 돼 비난받고 있다는 것을 깨달았다. 부장부터 우편물 나르는 직원까지 모두 가담해 있었다. 내 상상이겠거니 했던 일들이 다 사실이었다는 것, 그리고 이와 동일한 무언의 고문을 겪고 있는 사람이 아주 많다는 것도 알게 됐다. 나를 비롯해 이런 상황에 처한 이들은 아무에게도 말하지 못한 채로 날마다 이런 고통을 견딘다. 직속 상사에게는 특히 더 말할 수가 없는데, 그가 일부러든 아니든 상황을 묵인하고 있을 가능성이 크기 때문이다. 나는 부장에게 고충을 이야기했다. 처음에는 동정심에 호소했고, 그다음에는 논리로, 또 직업적으로 호소했다. 마지막으로는 개인적인 감정을 드러내며 호소했는데, 이것이 나의 두 번째 실수였다."[8]

어느 직장인이 인터넷 사이트에 올린 글이다. 직장 내 희생양은 오래전부터 있던 현상이다. 유럽에서 1200만 명 이상의 노동자가, 미국에서는 노동자의 3분의 1 이상이 이런 일을 겪는 것으로 추산된다. 직장에서의 희생양 만들기는 학교에서 벌어지는 일의 어른 판이라고 볼 수 있다. 취약하거나 특이한 개인을 지목해서 (종종 매우 가차 없이) 괴롭히거나 따돌리는 것이다.[9] 그리고 인터넷상에서는 직장 내 괴롭힘이 익명성에 숨어 그나마의 조심성과 자기 억제마저 벗어버린다. 이러한 '온라인 탈억제 효과'로 인터넷에는 모멸과 위협의 메시지가 수없이 올라온다. 호주의 한 연구에 따르면, 노동자 10명 중 한 명은 사이버상에서 괴롭힘을 당한다. 물론 많은 이들이 온·오프라인 양쪽에서 괴롭힘을 당한다.[10] 상당히 많은 경우에 피해자는 아무 잘못이 없는데도 다른 이들이 직장에서 느끼는 좌절감을 발산하는 표적이 된다. 위의 사례에서처럼 피해자는 덫에 걸린 듯한 막막함과 두려움을 느끼고, 맞설 엄두를 내지 못할 정도로 소진된다.

권력 남용은 직장 내 괴롭힘의 핵심 요소다. 위계상의 공식적인 권력일 수도 있고 팀 내의 암묵적인 권력일 수도 있다. 특히 성적인 괴롭힘은 이중으로 위협적이다. 성별에 따른 전형적인 이미지를 덮어씌우면서, 동시에 여성을 주변화하는 것이다. 사실상 여성은 성차별적인 남성이 설정한 여성상에 부합하지 않는다고도 처벌받고, 직장 내 '남성 집단 문화'의 기준에 맞추지 못한다고도 처벌받는다. 여성은 직장에서 살아남고 성공하려면 남성의 규칙으로 자신을 증명해야 하고 어느 정도의 성희롱도 참아내야만 한다.[11] 직위나 공식적인 권력이 높아진다고 해서 완전히 벗어날 수 있는 문제도 아니다. 또 많은 여성 임원들이 고립감을 토로한다.

때로 괴롭힘은 피해자보다 가해자에 대해 말해주는 바가 더 많다. 피해자가 딱히 지목받을 만한 차이점이 없는 경우에 가해자는 자신의 목적을 위해 억지로 차이점을 만들어낸다. 가해자의 동기는 그가 과거에 겪은 문제로 거슬러 올라가곤 하는데, 자신이 괴롭힘의 피해자였던 경우도 많다. 자신의 어려움을 다른 이를 깎아내리는 것으로 표출하는 것이다. 가해자는 나르시시스트일 수도, 지극히 냉정한 사람일 수도, 다른 사람에게 공감하지 못하는 사람일 수도 있다.

가해자 중 자신의 행동이 직장 내 괴롭힘이라는 것을 인정하는 사람은 거의 없다. 그들은 피해자가 원인을 제공했고 비난받아야 할 사람은 피해자라며 자신을 정당화한다. 심리학자 카를 융은 우리 모두에게 있는 '그림자'가 극단적인 형태로 표출된 것이라고 이를 설명한다. 남을 비난하고 싶어 하는 뿌리박힌 충동의 표출이라는 것이다. 여기에는 자기 보호적인 측면이 있다. 남을 비난하면 자신의 책임을 인정하지 않아도 되므로 자신이 더 낫게 느껴진다. 융은 우리의 무의식에 잘못, 취약함, 불안정, 공격성, 증오, 성적 충동 등을 담고 있는 '그림자'가 있다고 본다. 융에 따르면 이 그림자는 의식 영역 밖으로 밀려나 있긴 하지만 우리의 행위에 계속해서 영향을 미친다. 자기 자신도 가지고 있지만 스스로는 절대 인정할 수 없는 잘못을 남에 대해서는 (마치 자신은 홈 없는 사람이라는 듯) 준엄하고 가차 없이 비난하게끔 만드는 것이다.

이런 식으로 실은 자신 안에 있는 결점과 잘못을 외부로 돌리는 것을 심리적인 '쓰레기 내버리기'라고 볼 수 있다. 이는 남을 깎아내림으로써 자신의 위치를 올리려는 시도다. 그렇게 자신의 부담을 밖으로 퍼부어버리고 나면 적어도 한동안은 좀 더 편하게 느낄 수 있다. 융은 이러한 그림자가 개인뿐 아니라 집단에서도 작동한다고 보았다. 집단은 자신의 집단적인 그림자(경제 불황, 편견, 선입견, 공포 등)를 편리한 희생양인 다른 집단이나 다른 국가에 떠넘긴다. 융의 예측은 암울하다. 그에 따르면 이 그림자에서 벗어날 수 있는 길은 없다. 그림자는 의지로 없앨 수 있는 것이 아니며 하나를 없앴다고 생각해도 금세 새로운 표적(비난받을 새로운 희생양)이 만들어진다. '행복한 종족'은 희생되는 이들의 비참함을 대가로 얻어진다.[12]

직장 내 괴롭힘이 문화적으로 뿌리를 내리면 이는 자기 완결적으로 공고화된다. 스트레스가 많고 마초 문화가 강한 직장에서는 이런 괴롭힘이 아무렇지 않게 문화의 일부로 이야기된다. '이건 괴롭힘이 아니다' '여기에서는 다들 그렇게 한다' '이런 일은 우리를 강하게 단련시킨다' 등등. 피해자들은 침묵의 규율이라는 덫에 걸렸다고 느낀다. 이 덫은 중대한 위기, 내부 고발자, 언론 노출, 공식적인 조사 등으로 공개적으로 드러나야만 깨질 수 있다. 많은 조직이 직장 내 괴롭힘을 방지하기 위한 정책을 도입하고 있지만 문화로 뿌리내리지 못하면 소용이 없다. 그러한 문화를 일구려면 무관용의 원칙을 가진 강력한 리더십, 피해자에 대한 안전한 지원, 가해자에 대한 실질적인 처벌 등이 필요하다.

낙인찍힌 자들의
힘겨운 삶

낙인은 그 사회의 최하층이 누구인지를 규정한다. 낙인은 그리
스에서 사회의 쓰레기라고 여겨진 사람들, 가령 배신자, 범죄자,
노예 등의 신체에 상처를 내거나 불로 지져서 표식을 만들던 것이
기원이다. 낙인은 사회적 배제와 열등한 지위를 나타내는 영구적
인 표시였다. 낙인 기술은 2000년 뒤 나치 독일이 수용소에 끌려온
사람들에게 수감 번호를 문신으로 새긴 데서 소름 끼치게 재연됐
다. 여기에 나치는 독특한 특성을 하나 더했는데, 굴욕 표식의 강
요를 산업적 규모로 진행한 것이었다. 유대인을 표시하는 노란 별
모양의 '인종 쓰레기' 배지가 가장 흔히 이야기되지만, 다른 색과
모양도 있었다. 붉은 삼각형은 정치적 반대자, 녹색 삼각형은 전문
적인 범죄자, 갈색 삼각형은 집시, 분홍색 삼각형은 동성애자, 보
라색 삼각형은 여호와의 증인을 나타냈다.

어떤 사람들은 신체적·정신적 상태가 낙인이 된다. 사지 마비자(a paraplegic), 우울증 환자(a depressive), 정신 분열자(a schizophrenic)처럼 그러한 상태 자체가 아예 그들을 일컫는 명사가 되기도 한다. 이들은 자신의 의지로 없앨 수 없는 장애나 차이 때문에 사회에서 주변화된다.

어떤 사람들은 '도덕적으로 열등하다'고 여겨져 낙인찍힌다. 범죄자, 매매춘 종사자, 인도의 불가촉천민, 아프리카 일부 지역에서의 동성애자 등이 이런 경우에 속한다. 이들은 당대의 도덕 기준이 무엇인지, 또 도덕 기준을 설정하는 사람들(종교인이건 사회 지도층이건)의 영향력이 어느 정도인지를 드러낸다. 미혼모에 대한 낙인이 이를 잘 보여준다.

미혼모들은 아주 옛날부터 '도덕적으로 타락'한 사람으로 낙인찍히고 희생양이 돼 사회의 주변으로 밀려났다. 영국은 미혼모의 열등한 지위를 1834년의 빈민법으로 공식화했다. 미혼모는 아이를 온전히 떠맡아야 했고 그 사생아에게는 어떤 지원도 제공되지 않았다. 반면 아이의 아버지에게는 아무런 처벌이나 부담이 가해지지 않았다. 도덕적 비난의 목소리를 높이는 교회는 미혼모의 고통과 비참함을 한층 더 가중시켰다. 교회에서 미혼모는 죄지은 여성, 타락한 여성이 됐다.

그 시대 미혼모에 대한 기록은 충격적일 정도다. 혼전 임신을 한 젊은 여성은 불명예스럽게 집에서 쫓겨났고, 절망 끝에 아이를 죽이거나 탁아인(baby farmer)이 제공하는 미심쩍은 서비스에 아이를 맡겼다. 도러시 할러(Dorothy Haller)의 저서 《빅토리아 시대 영국의 사생아와 탁아인(Bastardy and Baby Farming in Victorian England)》에 이런 상황이 잘 묘사돼 있다. 탁아인은 원치 않게 태어난 아기를 상품으로 취급해서, 돈을 받고 아이를 데려온 뒤 가능한 한 빨리 처분했다. 아기들에게 아편제와 진정제를 계속해서 먹였고 끼니때는 물을 탄 우유를 줬다. 건강한 아이보다 아픈 아이가 구매 시에 더 선호됐는데, '어차피 생명이 위태로워서 죽는 것이 전혀 이상해 보이지 않을 것이기 때문'이었다. 할러의 책에는 탁아인이었던 샬론 윈저의 사례가 나온다.

1865년 2월 15일 토키에서 4개월 된 남자아이의 시신이 낡은 〈웨스턴타임스〉 신문지에 싸인 채 발견됐다. 숨진 아이의 엄마 메리 제인 해리스는 일주일에 3실링을 내기로 하고 아이를 탁아인인 윈저 부인에게 보냈다. 당시 해리스 양은 아이의 목숨을 거두라는 윈저 부인의 제안을 거절했다. 하지만 부양 부담이 너무 커지자 윈저 부인이 아이를 질식시켜 죽이고 발가벗은 시신을 낡은 신문지로 감싸게 내버려두었다. 시신은 나중에 길에 버려졌다.[13]

미혼모가 불명예를 숨길 수 있는, 혹은 그렇게 하도록 강제로 보낼 수 있는 기관도 있었다. 어떤 미혼모들은 매매춘에 종사하고 있었기 때문에 빅토리아 시대 영국의 중간계층과 상류층으로부터 배척당했다. 여기에는 물론 위선적인 면이 있다. 중간계층과 상류층 남성이 결혼 전에 성행위를 할 때 그 대상은 거의 매매춘 여성이나 하녀였던 것이다. 수녀원이 미혼모 시설로 주된 역할을 했다. 북미, 유럽, 영국, 아일랜드에서는 가톨릭계의 막달레나 수도원이 유명하다. 아일랜드에서는 '막달레나 세탁방'이라고 불렸는데, 명목상으로는 재활 시설이었지만 실제로는 어린 임산부 소녀들을 가둬놓고 노동 착취적인 환경에서 노예처럼 일을 시키는 곳이었다. 일반적으로 하루 10시간, 주 6일을 일했으며 묵언이 강요됐다. 그들의 삶은 온통 세탁 노동으로 짜여 있었고, 옷에서 얼룩을 지우는 고된 노동은 영혼의 얼룩을 지우는 과정이라고 이야기됐다.

미혼모 시설에서 출산을 할 수는 있었지만 아기는 태어나는 즉시 고아원으로 가거나 자녀가 없는 부유한 가정에 '후원금'을 받고 넘겨졌다. 막달레나 세탁방은 수익성이 좋았는데, 특히 미혼모들이 무급으로 일했기 때문이다. 19세기에 이런 세탁방을 거쳐 간 여성이 1만 명가량에 이르는 것으로 추산된다. 많은 이들이 거기서 삶을 마감하고 수녀원 마당이나 공공 매장소에 묻혔다. 막달레나 세탁방은 20세기까지도 존재했다.

지구 반대편 호주에서도 미혼모들이 이와 비슷한 보수적 가치에 직면했다. 1950년대와 1960년대에 미혼모들은 모성에 적합하지 않다고 여겨져 아기를 포기하라는 압력을 받았다. 당시 호주에는 국가의 미덕이 백인 핵가족에 달려 있다는 믿음이 퍼져 있었다. 그래서 15만 명가량의 백인 아기가 입양됐다. 이 정책은, 미혼모는 불안정한 성향을 가지고 있어서 본질적으로 모성을 가지기에 적절치 않지만 아기는 '빈 서판'이어서 '안정된 가정'에서 큰다면 잘 자랄 수 있다고 본 당대의 심리학 이론에 기초해 있었다.[14] 대다수 미혼모의 삶은 비참했다.

우리 어머니는 내가 임신한 것을 알고 신경증에 시달렸어요. 이웃, 친지, 교회 사람들이 당신 딸이 임신한 것을 알게 될까 봐 전전긍긍했죠. … 나는 집에 숨어 있어야 했어요. 어머니는 나를 비난했어요. … 그리고 내가 미혼모 시설에 '몇 주 동안' 가 있어야 한다고 결정이 났죠. 사람들이 나를 볼 수 없게 해서 이러쿵저러쿵 이야기하지 않게 말이에요.

아버지는 나를 원당 경찰서에 데리고 가서 사정을 이야기했어요. 아버지는 내가 아이 아빠가 누구인지 말하기를 원했던 것 같아요. 당시에는 성행위가 범죄였거든요. 아버지는 점점 화가 나서 경찰 앞에서 내 얼굴을 때리기까지 했어요. 그런데도 경찰은 아무 조치도 하지 않았지요. 한 시간쯤 뒤에 한 여성이 경찰서로 와서 나를 집에 데려다주더니 짐을 싸라고 했어요.

아이를 강제로 도둑맞은 엄마는 아이를 마음으로만 기억하는 것이 아

니라 자기 존재의 한 올 한 올로 기억합니다.[15]

오늘날에는 편모 가정이 전통적 형태가 아닌 가구 중 일반적인 유형으로 여겨지긴 하지만, 아직도 여러 조사를 보면 편모에 대한 편견이 드러난다. 많은 사람들이 편모는 온전한 존중을 받을 만하지 않다고 생각한다. 영국에서 편모는 국가 지원을 받을 가치가 있다고 생각되는 사람들의 목록에서 순위가 가장 낮다. 특히 아이가 취학 연령이 되었는데도 일자리를 구하려 하지 않는 경우에 더욱 그렇다.[16] 편모에 대한 보수적인 가치관은 주요 종교에서도 거의 빠짐없이 볼 수 있다.[17] 복음주의적 기독교는 편모에게 어떤 원조도 하지 않는다. 정통파 유대인도 편모가 가족의 신성함을 위협한다고 생각한다. 이슬람의 입장도 비슷하다. 이슬람 중 강경파는 한 술 더 떠 이슬람 사회에 편모가 발 디딜 자리를 인정하지 않는다.[18] 인도도 편모에 대해 관용을 보이지 않는데, 이는 힌두교의 영향으로 볼 수 있다. 힌두교는 편모나 편부가 가족과 결혼의 순수함을 깨뜨린다고 여긴다.[19]

편모의 처지가 가장 나은 곳은 덴마크, 스웨덴, 독일 등 자유주의적이고 비종교적인 국가들이다. 이런 국가들에서는 편모 가정이건 양친 가정이건, 또 남성 가장이 있는 가정이건 없는 가정이건 상관없이 아이의 필요와 부모의 필요가 균형 있게 충족되도록 애쓴다.

가해자일 때와
피해자일 때의 차이

실패는 외부 원인(당신, 그들, 나쁜 날씨, 나쁜 운, 형편없는 장비, 불공정한 규칙 등) 탓으로 설명하고 성공은 내부 원인(내 재능, 내 능력, 내 성격 등) 덕으로 설명하는 것은 사회심리학자들이 오래전부터 연구해온 현상이다.

1950년대에 오스트리아 심리학자 프리츠 하이더(Fritz Heider)는 '근본적인 귀인 오류' 이론을 제시했다. 기존에 가지고 있는 자존감, 가치관, 편견 등을 보호하기 위해 우리가 지각된 내용을 무의식적으로 조정한다는 것이다.[20] 그래서 우리는 비난할 때 두 가지 목소리를 낸다. 내가 가해자일 때는 피해자에게 미친 영향을 과소평가하고 내가 피해자일 때는 오래도록 아물지 않는 모욕과 상처를 호소한다.[21] 국제 관계에서 몇 세대를 거치면서도 상처가 곪은 채로 남아 있는 이유도 어느 정도 이와 관련이 있다. 십자군에 의

한 아랍인들의 고통, 이스라엘의 팔레스타인 점령에 따른 팔레스타인들의 고통, 남북전쟁에서 남부 지역 사람들이 겪은 고통 등이 그런 사례다.

비난에서도 귀인 편향이 흔히 관찰된다. 가령 사람들은 강간 사건이 나면 '그럴 만해서 당했을 것'이라고 피해자를 비난하곤 한다. 코번트리 대학의 에이미 그럽(Amy Grubb)과 줄리 해로어(Julie Harrower)는 이 현상을 알아보기 위해 남녀 응답자들에게 여러 종류의 강간 사건 시나리오를 제시하고 의견을 물었다.[22] 남성이 여성보다 피해자를 비난하는 경향이 더 컸으며(남성 중심적인 사법 체제의 문제, 그리고 배심원 선정에서 성별 안배의 문제에 대해 시사하는 바가 크다), 술집에서 만났다든지 데이트 상대였든지 해서 피해자가 애초에는 교제에 동의했던 것으로 보이는 경우에 피해자를 더 많이 비난하는 경향이 있었다. 이러한 편향은 어떤 경우라도 강간 피해와 그 피해를 일으킨 권력에 대해 피해자인 여성이 비난받아서는 안 된다는 이상과 부합하지 않는다.

비난은 가깝고
칭찬은 먼 사회

비난과 칭찬은 260만 년 전쯤에 살았던 인류의 조상에게 매우 유용했을 것이다. 찰스 다윈(Charles R. Darwin)은 비난에 대한 두려움과 칭찬에 대한 갈구가 사회적 단위의 생존에 필요한 협업적 행동에 필수 요소라고 보았다. 다윈은 모방 능력을 가진 초창기 인류가 남을 도우면 나중에 자신도 도움을 받게 돼 보상이 이뤄진다는 것을 알게 됐고, '이러한 낮은 단계의 동기로부터 타인을 돕는 습관을 형성해나갔을 것'이라고 설명했다. 또 '이타적 행동의 습관은 다시 이타적 행동의 충동을 형성하는 공감과 동정의 감정을 강화시켰을 것'이라고 보았다.[23]

하지만 현대 사회에서 비난과 칭찬 사이에는 막대한 비대칭이 있다. 비난이 이뤄지는 맥락이 칭찬이 이뤄지는 맥락보다 훨씬 광범위한 것이다. 우리는 죄지은 사람을 비난하지만 죄짓지 않은 사람을 칭찬하지는 않는다. 험하게 차를 모는 운전자를 비난하지만 안전하게 운전하는 사람을 칭찬하지는 않는다. 난잡한 성생활을 비난하지만 절제된 성생활을 칭찬하지는 않는다. 또 칭찬은 종종 후면에서 이뤄진다. 그래서 칭찬의 사회적 효과는 덜 가시적이고, 안전, 자유, 도덕성과 같은 커다란 사안과는 별로 관련이 없는 것처럼 여겨진다.

비난과 칭찬의 분포는 그 사회가 무엇을 칭찬받을 가치가 있다고 보는지를 반영한다. 하지만 어쨌든 부정적인 쪽으로 치우쳐 있다는 사실은 실패가 성공보다 더 자주 환기된다는 점을 말해준다.

정치적 평판이나 사업적 평판도 이런 식으로 형성된다. 2001년부터 2003년까지 〈뉴욕타임스〉 편집국장을 지낸 하월 레인스(Howell Raines)는 재임 기간 중 〈뉴욕타임스〉 보도가 퓰리처상을 7번이나 수상하는 등 높은 성과를 냈다. 하지만 정작 사람들이 그에 대해 기억하는 부분은 독재적인 경영 방식이다. 레인스는 매우 공격적이고 고압적이었으며, 기자들을 '그저 그런 기자'와 '스타 기자'로 나눠 기자들 사이에서 신망을 잃었다. 결국 이런 경영 태도 때문에 편집국장 자리에서 물러나게 된다.[24]

리오나 헴슬리(Leona Helmsley)도 그런 사례다. 1980년대에 호텔 체인을 운영하던 그는 직원들에게 완벽한 일 처리를 요구하는 완벽주의자로 유명했다. 헴슬리의 극히 까다롭고 엄격한 경영 스타일은 사업적으로 성공을 구가하게 한 요소였지만 조직에는 점차로 독이 됐다. 한 타블로이드 신문은 헴슬리를 '비열한 여왕'이라고 칭했다. 또 내부 고발자가 헴슬리의 세금 문제를 폭로해 이 일로 헴슬리가 기소됐다. 재판에서 한 직원이 헴슬리가 '약자만이 세금을 내는 법'이라 말했다고 증언했고, 이 말은 평생의 꼬리표가 돼 헴슬리를 따라다녔다.[25]

　부정적인 면이 더 부각된다는 '규칙'에는 물론 예외가 있다. 누군가의 부정적인 면을 가리기 위해 역사가 다시 쓰이기도 하고, 비난받을 일이 칭찬받을 일로 바뀌기도 한다. 잔혹한 정치인이 그의 치하에서 고통을 겪었던 바로 그 사람들에 의해 훗날 명예롭게 기려지는 경우도 있다. 러시아인의 절반 정도가 스탈린을 긍정적으로 보고 있으며, 마오쩌둥의 압제적 정치는 중국 근대화와 공산주의 가치의 상징이라는 긍정적 이미지로 완화됐다.[26]

　위대한 예술적 성취가 다른 면에서의 잘못이나 결점을 모두 누르고 그 인물의 명성을 결정짓기도 한다. 바그너(Richard Wagner)는 반(反)유대주의자였다는 사실이 잘 알려져 있지만 위대한 작곡가로 널리 칭송받는다. 피카소(Pablo Picasso)도 수많은 여성을 비참하게 만들었다는 점이 화가로서의 명성을 그리 손상시키지 않았다. 피카소의 연인 중 한 명인 도라 마르(Dora Maar)는 피카소가 뛰어난 예술가였지만 '도덕적으로 말하자면 무가치한 인간이었다'고 언급했다.[27]

　또 무법자들이 의인으로 칭송받기도 한다. 호주의 유명한 도적

네드 켈리, 로빈 후드, 1963년 스코틀랜드에서 런던행 열차를 습격해 260만 파운드를 훔친 대열차 강도단, 2인조 강도 보니와 클라이드 등이 그런 사례다. 비난과 마찬가지로 칭찬도 엿가락처럼 유연한 사회적 상품이다.

우리 모두는
잠재적 방관자다

2010년 영국 노팅엄의 몹시 추운 어느 날, 스물두 살의 법대 여학생이 흥겨운 파티를 마치고 새벽 3시에 집으로 향하는 마지막 버스에 올랐다. 버스는 흥청대는 사람들로 만원이었다. 여학생은 주섬주섬 돈을 꺼내기 시작했다. 그런데 버스비 5파운드에서 20센트가 부족했다. 운전사에게 현금지급기에서 돈을 인출해 올 테니 잠깐만 기다려달라고 부탁했지만 운전사는 거절했다. 그러면 다음번에 내겠다고 사정했지만 이 역시 안 된다고 했다. 초조해진 여학생은 도착지에 엄마가 나와 있을 테니 거기서 내겠다고 했지만 운전사는 그것도 안 된다고 했다. CCTV 영상에는 여학생이 간절한 표정으로 버스에 탄 승객과 버스에 오르는 승객들을 바라보는 모습이 나온다. 하지만 수십 명 중 누구도 나서서 도와주지 않았고 여학생은 버스에서 쫓겨났다. 그리고 집까지 먼 길을 걸어서 가다가 어떤 남자에게 공원으로 끌려가 강간을 당했다. 폭행을 너무 심하게 당해서 필사적으로 딸을 찾아 나선 어머니가 알아보지 못할 정도였다.

물론 운전사의 관료적 냉정함이 이 비극적인 사건과 크게 관련이 있다. 하지만 수많은 버스 승객들은 어떤가? 누가 20센트를 대신 내줄 수는 없었는가? 그들은 놀랍도록 만연한 방관자 효과 (bystander effect)를 보여줬다. 다른 사람의 곤란이나 고통을 보면서도 아무것도 하지 않는 것이다. 주변에 사람이 많으면 굳이 나서지 않아야겠다는 마음이 더 강화된다('피해자가 그럴 만해서 당했겠지'라는 편견이 내가 나서지 않으려는 마음을 강화하는 것과 마찬가지다). 어떤 이들은 자신이 나서지 못한 것을 나중에 후회하지만, 어째서인지 그때는 나서면 안 될 것같이 느껴졌다고 말한다.

방관자 효과는 속속들이 퍼져 있으며 우리 모두 잠재적인 방관자다. 심리학자들은 방관자 효과를 책임이 분산돼서 생기는 결과라고 설명한다. '누군가 나설 텐데 굳이 내가 나설 필요가 있나?' 이렇게 생각한다는 것이다. 또 남들이 어떻게 하나 얼른 훑어보고서 그들 모두 방관자가 하는 일(나서지 않는 일)을 하고 있음을 확인하면 나도 나서지 말아야겠다는 생각이 더 정당화된다. 그리고 북적대는 군중 속에서는 누군가가 어떤 문제에 처한 것이나 그것이 위급한 상황이라는 것을 알아차리기 어렵다. 그래서 그냥 지나치게 된다.

방관은 일회성 사건에서만 발생하는 것이 아니다. 한 인구 집단

전체가 다른 집단이 고통받거나 박해받는 것을 방관하기도 한다. 책임이 집단적으로 분산돼 가장 큰 선의를 가진 사람조차 나서지 않게 된다. 평화주의자 목사 마르틴 니묄러(Martin Niemöller)가 쓴 시라고 알려진 '그들이 처음 왔을 때(First They Came)'는 나치 시대에 니묄러 목사 본인을 포함해 독일 사람들이 나치에 맞서 목소리를 내지 못했던 도덕적 실패를 한탄하고 있다.

처음에 나치는 사회주의자들을 잡으러 왔다. 나는 아무 말도 하지 않았다. 나는 사회주의자가 아니었기 때문이다.

다음에 나치는 노조 활동가들을 잡으러 왔다. 나는 아무 말도 하지 않았다. 나는 노조 활동가가 아니었기 때문이다.

다음에 나치는 유대인들을 잡으러 왔다. 나는 아무 말도 하지 않았다. 나는 유대인이 아니었기 때문이다.

그리고 나치는 나를 잡으러 왔다. 이제는 나를 위해 말해줄 사람이 아무도 없었다.[28]

빅토리아 바넷(Victoria Barnett)도 저서《방관자: 홀로코스트 시기의 양심과 공모(Bystanders: Conscience and Complicity During the Holocaust)》에서 니묄러가 표현한 것과 같은 분위기, 즉 독일 사람들이 집단적으로 눈과 귀가 멀었던 현상의 평범성에 대해 언급했다.

어떤 면에서 이들은 세계가 목격한 가장 무시무시한 독재 치하에서 그 저 일상을 영위했을 뿐이었다. 그들은 계속 직장에 나갔고 계속 아이들 을 키웠다. 수용소 인근에 살았던 사람들은 전처럼 정원을 가꿨고 수용소 에서 일하는 사람들과 일상적인 거래를 했다. 1938년 11월 9일 이후 독일 에서 유대인 소유였던 상점 수천 개가 갑자기 새 주인으로 바뀌었을 때도 사람들은 마치 아무것도 달라지지 않은 것처럼 계속해서 거기에서 장을 봤다.[29]

독일인들은 무슨 일이 벌어지고 있는지를 자세히 알고 싶지 않 았을 것이다. 그들은 사회적·경제적 어려움을 겪고 있었고 나치는 그 어려움을 덜어주겠다고 약속했다. 그리고 약속대로 됐다. 실업 률이 낮아졌고 새로운 공동체 의식과 낙관주의가 생겨났다. 히틀 러에 대한 고마움은 유대인에 대한 히틀러의 증오와 하나로 합쳐 졌다. 유대인들은 박해와 비난을 당해도 마땅한 집단이 됐다. 독일 인들은 아무것도 묻지 않게 됐고 어떤 불편한 마음이라도 들라 치 면 그냥 꾹꾹 눌러놓게 됐다.

독일인들이 자신이 그동안 무엇에 동조한 것인지를 눈앞에서 직면하게 됐을 때, 이는 그들에게 너무나 끔찍한 깨달음이었다. 1945년 4월 18일 바이마르 사람들이 그런 충격적인 상황에 처했 다. 이날 1200명의 바이마르 시민은 4마일밖에 떨어져 있지 않은 부헨발트 수용소에 가서 자신들의 이름으로 자행됐던 폭력의 흔적을 목격했다. 동행한 〈뉴욕타임스〉 기자는 다음과 같이 전했다.

독일 시민 방문자들이 문을 지나 안으로 들어가면서 처음 보게 되는 것
은 '양피지'다. 유대인 표식이 찍힌 사람 가죽이 전시돼 있는 것이다. 탁
자에 놓인 두 개의 전등갓도 사람 가죽으로 만들어져 있었다. … 독일 시
민들은 이 모든 사실을 수용소를 방문한 그날에서야 목격했다. 그들은 흐
느꼈다. 울지 않은 사람들도 자신이 부끄럽다고 말했다. 그들은 이런 일
을 모르고 있었다고 했다.

인간의 형체를 잃어버린 유골들이 있었다. … 그들이 죽어갈 때 아무
도 그것을 막기 위해 뭔가를 할 수 없었다. 독일인 방문자 중 몇 명은 처음
에 자신이 보고 있는 것의 진위를 의심했다. 누군가가 자신들의 목적대로
꾸민 것이 아닌가 하고 말이다. 하지만 곧 모두 진짜임을 알게 됐다. … 남
자들은 하얗게 질렸고 여자들은 차마 보지 못하고 고개를 돌렸다. 그들이
감당할 수 있는 것 이상이었다.[30]

집단적 방관은 오늘날에도 존재한다. 인터넷과 국제 뉴스 덕에
국내외에서 벌어지는 잔혹한 일을 아예 모르거나 무시하기는 어
려워졌지만, 화면에 등장하는 공포는 아무리 끔찍하더라도 멀고
분절적으로 다가온다. 그래서 심리적 관여도가 낮아진다. 어딘가
멀리 있는 다른 이들의 문제라고 생각되는 것이다.

또 정치인들은 첨단 감시 기술을 통해 세계 여러 곳에 고통과 박

해를 받는 사람들이 있음을 거의 실시간 이미지로 파악하고 있지만, 그에 대해 행동할 수 없거나 행동할 의사가 없어 보인다. 이러한 관성 뒤에는 정치적 연합과 국가 이익이라는 더 큰 게임이 있다. 다른 나라에서 벌어지는 탄압이나 인권침해가 '극도로 우려스러운 문제'(이것이 '비난'에 가장 근접한 표현이다)라고 입장 표명은 하지만, 자국 밖에서 벌어지는 일에 나서야 할 책임이 있다고 보는 국가는 별로 없다. 자국의 전략적 이해관계(정치적이든 상업적이든)를 심대하게 위협하는 경우가 아니라면 말이다. 이러한 방관자 효과를 극복하기 위해 국제 조직과 NGO가 존재하며 캄보디아, 엘살바도르, 모잠비크, 시에라리온, 브룬디, 코소보 등에서 보았듯이 때로 상당한 성공을 이끌어내기도 한다. 하지만 핵심 국가들 사이의 반목과 분열로 실패한 사례도 매우 많다.

최근에는 학교나 일터에서의 방관 현상에 교육자들의 관심이 높아지고 있으며, 그런 문제를 다루기 위한 교육 프로그램도 생겨나고 있다. 가령 어느 학교의 교육 프로그램은 다른 학생들이 누군가를 괴롭히는 것을 보면서도 아무 일도 하지 않는 것은 옳지 못하다고 강조해서 가르친다. '내가 피해자인데 아무도 나서주지 않는다면 어떻겠는가?'를 생각하게 하는 것이다. 또 피해자는 단지 약하다는 이유만으로 그런 취급을 당해도 되는 것이 아니며, 이는 긴급 상황이지 재미있는 상황이 아니라는 것을 학생들에게 분명히 전달하고, 그런 일을 보았을 때 안전하게 개입하거나 도움을 청하

는 방법에 대해 알려준다.[31]

  직장의 집단 괴롭힘 방지 교육에서는 방관이 발생하는 상황에 대해 시나리오를 만들고 역할극을 하며, 어떻게 하면 수동적인 방관자가 아니라 '적극적인' 방관자가 될 수 있을지 논의한다.[32] 위기가 터지고 난 뒤에 그것을 계기로 조직이 쇄신되는 경우도 있다. 1990년대 캘리포니아 주 경찰이 그랬다. 백인 경찰이 흑인 혐의자 로드니 킹(Rodney G. King)을 체포하는 과정에서 그를 무참하게 구타했는데 이것이 녹화돼 전 세계적으로 전파를 탔다. 캘리포니아 주 법무 당국은 심리학 교수의 자문을 받아 재발을 막을 수 있는 조치를 강구했다. 그 교수는 당시에 관찰한 바를 다음과 같이 기록했다. "경찰의 조직 문화에서는 동료 경찰이 무슨 일을 하든 그것을 지지해야 한다는 생각이 퍼져 있다. 이런 생각은 시민과 경찰 모두에게 비극을 일으킬 수 있다." 그리고 교육 프로그램을 마련해 이와 같은 암묵적 인식에 문제를 제기하고, 경찰관들에게 동료 경찰이 과도한 물리력을 사용하기 전에 미리 개입할 수 있는, 그럼으로써 방관자의 덫에 빠지는 것을 피할 수 있는 방법들을 교육했다.[33]

수치심과 죄책감은
비난의 핵심이다

2011년 여름에 런던 등 영국 주요 도시에서 약탈과 방화가 횡행했다. 〈데일리 메일〉 기자 맥스 헤이스팅스(Max Hastings)는 기사에서 이렇게 언급했다. "건물을 파괴하고, 차량을 불태우고, 시민을 공포에 빠뜨리는 자들은 도덕적 나침반이 없어서 죄책감이나 수치심을 느끼지 못한다. … 이들 대부분은 직업이 없고, 치러야 할 시험도 없다. 또 가족 내에서의 역할 모델을 알지 못한다. 대개 아버지가 실업자인 가정이나 아버지가 가족을 버린 가정에서 자랐기 때문이다."[34]

기사의 논지 자체는 젊은 최하층계급의 등장과 신자유주의 정부 정책에 대한 정치적 주장을 펴는 것이었지만, 이 기사는 심리학과 관련된 사실도 몇 가지 알려준다. 수치심과 죄책감은 비난의 부산물에 불과한 것이 아니라 비난의 핵심이며, 이런 감정은 후천적으로 습득이 가능하다는 점이다. 이러이러한 행동을 할 경우 수치심과 죄책감을 느끼게 되리라는 예상은 자기 규율의 메커니즘이자 사회에서 상호 이해와 도덕적 질서를 구축하는 기반이다. 이런 기제가 존재하지 않거나 작동하지 않으면 사회적 통제의 많은 부분이 무너지게 될 것이다. 특히 수치심(또는 부끄러움)은 인간의 핵심 감정 중 하나다. 수치심은 한 사회의 문화적 가치와 요구가 내재화된 이미지라고 볼 수 있으며, 성공적인 사회화에 꼭 필요한 감정이다. 18세기에 새뮤얼 존슨(Samuel Johnson)이 폐허가 된 대학 건물을 본 경험을 회상하면서 썼듯이 '아직 부끄러움이 남아 있다면 머지않아 미덕이 생겨날 수 있다.'[35]

수치심을 일으키는 장치와 의례는 오래전부터 비난에서 핵심 역할을 해왔다. 굴욕적인 의례를 통해서 다른 이들에게 정도를 벗어나면 어떻게 되는지 본보기를 보이는 것이다. 심각한 중죄가 아닌 죄에 대해서는 공개적으로 망신을 주는 벌을 내렸는데, 사람들이 볼 수 있는 곳에서 목에 칼을 쓰고 있거나 차꼬 같은 형구를 차고 있게 했다. 튜더 시대 영국에서도 이런 장치가 중요하게 사용됐다. 죄의 종류에 따라 굴욕을 참아야 하는 시간을 달리했는데, 욕설에 대해서는 1시간, 음주에 대해서는 4시간, 방랑(도시 질서를 위협하는 것으로 여겨졌다)에 대해서는 최대 3일 등으로 정해져 있었다.

또 지역마다 잘못을 저지른 사람에게 공개적으로 망신을 주는 관습이 존재했다. 유럽의 샤리바리(charivari)가 그런 사례다. 누군가가 부도덕한 일을 저질렀을 경우 마을 사람들이 뿔피리, 냄비, 팬 등을 가지고 나와 그 집 밖에서 불어대고 두들겨대며 '거친 음악'을 만들었다. 시끄러운 불협화음을 일으켜 간통범, 아내 구타범, 미혼모, 재혼한 과부나 홀아비 등 도덕규범을 어겼다고 여겨지는 사람에게 이목이 쏠리게 만드는 것이었다.

굴욕 의례의 또 다른 사례로 장교 공개 파면을 들 수 있다. 이는 중대한 군율을 어긴 장교를 처벌하는 의례로 발전했는데, 프랑스 육군 장교 알프레드 드레퓌스(Alfred Dreyfus)가 겪은 공개 파면은 악명 높은 사례. 유대인인 그는 적국인 독일에 기밀을 넘긴 대역죄로 군적 박탈과 종신형을 선고받았다. 1895년 1월 5일, 여단이 모두 지켜보는 가운데 다른 장교가 그의 계급 견장을 떼어내고 칼을 부러뜨렸다. 드레퓌스는 '고뇌와 고통 속에서' 결백을 외쳤다. 하지만 수많은 이들의 비난을 받으며 '악마의 섬' 유형지로 향하는 호송 마차에 올라야 했다. 드레퓌스는 그곳에서 종신형을 살게 돼있었다. 11년이 지나서야 드레퓌스에 대한 유죄 판결이 잘못이었으며 프랑스군 내의 반(反)유대주의가 이 사실을 숨기고 있었음이 공식적으로 밝혀졌다. 장교 파면 의례는 예전처럼 과시적인 형태로는 아니지만 오늘날에도 군율을 어긴 고위 장교에 대한 처벌 중 하나로 남아 있다.

이제 칼이나 차꼬는 박물관의 유물이다. 하지만 굴욕을 주는 관습과 의례는 계속 이어져오고 있다. 사람들은 거리 행진을 하면서

인기 없는 지도자나 정치인을 비웃고 경멸한다. 코미디언이나 만평가, 극작가들은 공인의 위선을 신랄하게 풍자한다. 성과가 나쁘거나 잘못을 저지른 기업의 순위가 발표되기도 한다. 또 소셜 미디어는 '수치스러운' 삶이 폭로되면 그것을 빠르게 유통시키면서 과거의 칼이나 차꼬처럼 사람들이 저마다 돌을 던질 수 있게 (물론 이제는 댓글이나 트위터의 형태로) 만든다.

모욕과
명예

명예 문화는 수치와 비난에 의해 규정된다. 명예 문화에서 모욕은 모욕받은 사람의 고결성과 평판에 문제를 제기한다. 모욕을 받은 사람은 자신이 받은 모욕에 대해 반격해야 하며, 그렇지 못하면 수치와 지위 상실이 심해진다. 역사를 살펴보면 명예는 놀라울 정도로 강력한 힘을 발했다. 명예를 추구하고 지키기 위해 목숨까지 걸고 싸운 경우를 많이 볼 수 있다.

원래 명예는 부족 집단의 규범으로 발달했다. 국가의 보호가 존재하지 않거나 약한 시절이었으므로 전해지는 이야기나 관습, 용감한 행위나 희생 등을 통해 이어져오는 명예 규범이 집단 구성원들에게 무엇이 옳고 적합한지를 알려주는 기준 역할을 했다. 남성의 명예 추구는 고대 그리스 시인 호머의 《일리아드(Iliad)》에도, 중세 영국 극작가 셰익스피어의 작품에도 나타난다. 예를 들어 셰익

스피어의 희극《트로일러스와 크레시다(Troilus and Cressida)》에는 "모든 남성의 삶은 귀하지만, 귀한 남성은 명예를 삶보다 더 귀히 여긴다"(5막 3장)라는 대사가 등장한다. 미국 독립선언문에 서명한 '건국의 아버지'들은 '신성한 명예'를 걸고 서로에게 맹세했다. 또 1960년대까지만 해도 결혼식에서 명예를 지키겠다는 맹세가 아내 쪽 서약에 흔히 포함됐다. 인류학자들은 명예에 두 가지 차원이 있다고 설명한다. '수평적 명예'는 동급의 사람들로부터 존중받는 것으로, 이는 집단이 인정하는 기준을 엄격히 잘 따르는 것에 달려 있다. '수직적 명예'는 수평적 명예의 기준을 특히 잘 충족시켜 존경, 위계, 칭송 등의 특권이 부여된 경우를 말한다.[36]

오래전부터 지중해 지역의 전통 문화에서는 가족의 명예를 소중히 여겼다.[37] 남성은 강인함을 보여서 가족의 명예를 지켜야 했다. 또 성적 수치심과 순결은 여성의 불명예와 명예의 기준이었다. 자신의 명예가 훼손됐을 때는 상대를 빠르게 응징함으로써 적어도 어느 정도 자부심을 회복할 수 있었다. 가문 사이에 폭력적인 결투와 피의 복수는 수세대에 걸쳐(코르시카 같은 곳에서는 20세기에까지도) 이어지곤 했다. 한 추정치에 따르면 1683년부터 1715년 사이 코르시카 인구 12만 명 중 3만 명 정도가 가문 간 복수로 목숨을 잃은 것으로 추산된다.[38]

중앙아시아와 동부 아프리카 일부 지역에서도 가족의 명예는 도덕적 질서를 규정하는 핵심 요인이다. 이는 이슬람의 종교적 윤리와 관련된 경우가 많다. 정혼 상대와의 결혼을 거부하거나, 학대를 못 이겨 결혼 생활에서 도망치거나, 혼전 성관계를 갖거나, 강간을 당하거나(순결을 잃었기 때문에 가족의 불명예로 여겨졌다), 너무 '서구적'이어서 가족에게 불명예를 가져온 이슬람 여성은 가혹한 처벌을 받을 수 있다. 유엔에 따르면 서구에 거주하는 아시아계 이민자 중 이른바 '명예 살인'으로 사망하는 경우가 매년 5000건가량이나 된다.[39] 캐나다에 거주하던 모하마드 샤피아의 아내와 딸들도 그렇게 목숨을 잃었다. 샤피아는 큰딸과 둘째 딸이 자신이 반대하는 남자 친구를 사귀고 아내가 결혼 생활을 벗어나고 싶어 하자 가장으로서의 권위와 명예가 실추된 것에 견딜 수 없는 모욕을 느꼈다. 2012년에 그는 아내와 두 딸, 그리고 또 다른 딸의 살인을 사주했다. 자동차 문을 잠그고 물에 빠뜨려 사고사로 위장했다. 이 사건이 알려진 뒤 캐나다의 이슬람 최고위원회는 《코란》을 오해하지 않도록 파트와(fatwa: 어떤 사안이 이슬람 법에 저촉되는지를 해석한 판결)를 새로 내놓으면서 명예 살인, 가정 폭력, 여성 혐오는 이슬람의 교리가 아니라고 선언했다.

현대 사회에는 명예 규범 대신 객관적인 사법 체제가 존재한다. 잘못이 있으면 경찰과 법원이 제도적으로 처벌하도록 만든 것이다. 하지만 전통적인 명예 규범의 흔적은 범죄 조직, 스포츠 팀, 군대 등에 여전히 남아 있다. 또 용기와 대담함을 기리는 훈장이나 메달에도 명예의 상징이 이어지고 있다. 수직적 명예는 판사에게

'존경하는 재판장님'이라는 호칭을 붙이거나 영국 의회에서 '존경하는 의원님'이라고 부르는 데서도 드러난다. 이제 선진국에서는 명예의 실추에 대해 자신의 모든 것을 걸 정도로 분개하는 경우는 많지 않다. 하지만《명예의 역사(Honor: A History)》를 쓴 제임스 보먼(James Bowman)은 만약 남성을 '겁쟁이', 여성을 '창녀'라고 부른다면 "어느 한쪽이 죽어야 하는 결투를 벌이던 시절만큼은 아니라 해도, 이런 말이 오늘날에도 여전히 싸움을 거는 말들임을 알 수 있을 것"이라고 언급했다.[40]

비난의 대상은
시대마다 달라진다

서구 사회가 절대적 가치 규범이 존재하던 전통 사회에서 포스트모던적이고 개인주의적이며 파편화된 사회로 전환됐다는 논의가 많이 있었다. 최근 미국의 한 연구에서 이런 점이 일부 드러났다. 젊은 성인을 대상으로 실시한 설문 조사에서 오늘날의 도덕적 딜레마가 무엇이라고 생각하는지 물었더니, 많은 이들이 질문 자체를 혼란스러워했다. '느슨한 개인주의'라 부를 만한 그들의 사고방식에는 이런 형태로 옳고 그름을 판단한다는 개념이 존재하지 않는 것이다. 한 응답자는 이렇게 언급했다.

나는 도덕이란 것이 전적으로 만들어진 것이라고 생각한다. 나는 규칙이나 법을 믿지 않는다. 내 생각에, 우리가 진실이라고 인식할 수 있는 유일한 것이 있다면 과학적 법칙뿐이다. 그러므로 나는 어떤 것도 100퍼센

트 참일 수 있다고는 믿지 않는다.[41]

오래도록 진실로 여겨져온 것들에 의문이 제기되면서 무엇이 비난받을 일이고 부끄러운 일인지에 대한 개념도 달라졌다. 전통적인 도덕 지침을 수호하려는 사람들은 통탄하며 이를 절망스럽게 여긴다. 기독교 근본주의자들은 혼돈이 닥칠 것을 두려워하면서 도덕의 추락은 오직 '신의 말씀'으로만 치유될 수 있는 질병이라고 여긴다. 이와 달리 자유주의적인 기독교는 조류가 밀려올 때 참호를 파고 들어가기보다는 변화하는 사회적 분위기와 새로운 다원성에 적극적으로 관여하고자 한다.

모든 도덕은 경합하는 이념, 미신, 종교적 주장들 사이에서 구성된다. 오늘날의 젊은이들이 '기본적인' 도덕적 확실성, 혹은 전통적인 미덕과 악덕의 개념을 재생산하려 하지 않거나 재생산할 수 없다고 해서 그들이 공정하고 인간적인 행동을 할 수 없다는 말은 아니다. 그리고 진화론이 맞다면 서로를 위해 무언가를 하게 만드는 호혜성으로 이끄는 힘이 언제나 존재할 것이다. 일견 반동적으로 보이는 새로운 세대의 목소리는, 전에도 늘 그랬듯이 도덕적 논쟁에 역동과 긴장을 더한다. 비난은 과거의 어떤 감옥들에서는 벗어났지만 아마 새로운 감옥들로 들어가게 될 것이다.

언제, 어디에나
희생양은 존재한다

자신의 삶이 위협받을 때 사람들은 도덕적 패닉 상태에 빠진다. 불안이 증폭되어 이성적 판단에 마비가 오면 누군가, 또는 무언가를 위협의 원인으로 낙인찍어 '사회의 적'으로 만들어버린다. 이런 사회의 적은 중세 마녀부터 오늘날의 난민까지 모든 세대에 제각각 다른 형태로 존재했다.

언제 어디서든
비난의 대상은 필요하다

1964년 부활절, 영국 해변의 소박한 휴양지 클랙턴의 날씨는 최악으로 춥고 습했으며 장사는 신통치 않았다. 그리고….

젊은이들이 바와 카페에서 자신들을 손님으로 받지 않으려 한다는 루머에 짜증이 난 데다 지루하기도 하던 차에, 거리에 나와 드잡이를 하다가 서로 돌을 던지기 시작했다. 모드족(mods)과 로커족(rockers)이 갈려 나오는 순간이었다. 영국 하위문화 젊은이들 중 서로 충돌하던 두 분파인 모드족과 로커족은 처음에는 복식이나 음악 등의 스타일 차이를 중심으로 형성됐고 나중에는 분파별로 특성이 더 정교화되지만, 이때까지만 해도 아직 완전하게 발달한 상태는 아니었다. 오토바이와 스쿠터를 탄 젊은이들이 떼 지어 왔다 갔다 하는 와중에 창문이 깨지고 해변의 몇몇 오두막이 난입을 당했으며 한 젊은이가 공중에 대고 출발 신호용 총을 쏘기 시작했다. 몰려든 수많은 사람들, 소음, 모두의 짜증, 그리고 미처 준비되지 못한 경찰의 서툰 행동 등은 이틀간의 상황을 불쾌하고 억압적이며 공포스러운 일로 만들었다.

그날 벌어진 일에 대한 사회학자 스탠리 코언(Stanley Cohen)의 묘사다.[1] 코언은 이 일을 언론이 어떤 식으로 보도했는지에 관심이 있었다. 이 사건은 모든 전국 신문에 실렸고 해외 언론에도 실렸다. 기사 제목은 충격과 공포를 담고 있었다. '스쿠터족이 테러를 일으킨 날' '젊은이들이 클랙턴을 부수다 – 가죽 재킷 97명 체포' '거친 젊은이들이 해변을 치고 들어오다' '영국 해변에서의 웨스트 사이드 스토리.' 코언은 이런 묘사가 실제 사건을 굉장히 과장하고 있다고 보았다. '도덕적 패닉(moral panic)'이 만들어지고 있었다. 사건에 연루된 젊은이들을 비난한다는 데서 '도덕적'이고, 그에 대한 반응이 과민하다는 데서 '패닉'이었다. 모드족과 로커족은 '사회의 적'으로, 또 온갖 종류의 악행을 갖다 붙여도 이상하지 않을 만큼 탈선한 외부인으로 묘사됐다. 기사에 따르면 이들은 테디 보이스(Teddy Boys: 1950년대 영국 젊은이들의 하위문화 그룹. 에드워드 시대 상류층 옷차림을 본뜬 패션으로 유명하다.-옮긴이), 헬스 에인절스(Hells Angels: 미국의 모터사이클 폭주족-옮긴이), 스킨헤드족(skinhead: 폭력적인 백인 우월주의자. 아주 짧게 깎은 머리가 특징이다.-옮긴이)의 반열이라 할 만했다. 코언은 사건의 실제 규모나 중요성이 언론에 보도된 규모나 중요성과 전혀 비례하지 않는다는 점을 지적했다. 기사에 드러난 도덕적 패닉은 그 사건이 실제로 제기하는 도덕적 위협에 대해 정상적으로 나타날 수 있는 수준의 반응을 훨씬 벗어나 있었다. 클랙턴 사건의 모드족과 로커족은 전쟁에 나가보지 않은 전후 세대였고, 휴일에 새로운 정체성과 자유를 표현하는 중이었다. 그리고 휴일은 언론사 입장에서 뉴스거리가 별로 없는 날이다. 당시에는 모드족과 로커족이 그렇게 적대적이지도 않았고, 총력전도 없었으며, 재산 피해 513파운드는 그때 기준으로도 크지 않은 액수였다. 그런데도 그들은 언론에 의해 악마가 됐고, 당황하고 분노한 기성세대에 의해 단죄됐다.

이러한 악마화는 모든 것을 싸잡아 아우르기 때문에 그런 정도로 공포를 느끼는 것이 과연 타당한지에 대한 의구심에는 여지를 주지 않는다. '은행가는 모두 탐욕스러운 기생자다' '낙태 찬성론자는 모두 살인자다' '집시는 모두 더러운 도둑이다'와 같은 식으로, 악마화는 전형적인 유형을 만들고 꼬리표를 붙여서 '즉각 와닿는' 범주 안에 온갖 사람을 쓸어 넣는다. 예외나 다양성, 더 깊이 있고 근본적인 설명 같은 것은 피한다. 그저 '그들'이 문제이고 '그들'이 비난받아야 한다고 말한다. 그리고 '그들'은 별도의 지역에 살거나 사회 주변부에 있는 사람인 경우가 많아서 표적이 되기 쉽다. 인종적·종교적 소수 집단이나 새로 넘어온 이민자, 또는 젊은 하위문화 집단이 그런 사례다.

각 시대는 각자의 '사회의 적'을 만들어낸다. 그 사회의 삶의 방식이 위협받는 데 대해 누군가는, 혹은 무언가는 비난을 받아야 하는 것이다. 그리고 그렇게 붙는 꼬리표는 쉽게 일상의 용어가 된다. 18세기 영국의 상류층에게는 '사냥감을 찾아 돌아다니는' 도둑과 '범죄 계층' 출신의 폭력배가 주된 걱정거리였다. 19세기 초에는 중국계 이주 노동자에 대한 '황색 공포'가 있었다. 이들은 영국의 일자리와 '문명화된' 서구를 위협하는 존재로 여겨졌다. 오늘날 동유럽과 아프리카 출신 이민자를 보는 시선과 다르지 않다. 이런 생각을 가진 사람들은 자신이 낙인찍은 상대가 제기하는 위협이 정말로 실재한다고 믿을 것이다. 하지만 현실의 실제 증거들은 그들의 과도한 우려를 뒷받침하지 않는다. 역사학자 로버트 휴스 (Robert Hughes)는 이를 '도덕적 일반화가 사회의 사려 깊은 검토를 덮어버리는 압제'라고 표현했다.[2]

가짜 뉴스
퍼뜨리기

1862년 7월 17일, 휴 필킹턴(Hugh Philkington) 하원의원은 늦은 의회 일정을 마치고 귀가하던 중 무방비 상태에서 괴한의 습격을 받아 목이 졸리고 금시계를 도둑맞았다. 목을 조르는 범죄는 빅토리아 시대 런던에서 그리 새로운 일은 아니었다. 가령 〈타임스〉에는 이런 기사가 실리기도 했다.

토요일 밤 집에 오는 길에, 이때가 첫 번째였어요. 언제나처럼 빠르게 걷고 있는데 기척도 없이 누군가가 뒤에서 내 목에 팔을 걸고는 자신의 왼손으로 오른 손목을 잡아서 강력한 지레를 만들었어요. 그렇게 한참 동안 내 목을 졸랐죠. 나는 움직일 수도, 도움을 청하는 소리를 낼 수도 없었어요. 주변에 도움을 청할 만한 사람이 많았는데도 말이죠. 그러는 동안 다른 사람이 너무나 쉽게 내가 가진 걸 모두 훔쳐갔어요(1851년 2월 12일).

하지만 필킹턴 의원의 사건은 런던 거리를 배회하는 범죄자 무리에 대한 기사가 언론에 대대적으로 쏟아져 나오게 만든 촉매 역할을 했다. 그들은 원하는 것을 위해서라면 무슨 짓이든 하는 자들로 묘사됐다. 도덕적 패닉이 일었다. 경찰과 치안판사는 경범죄를 '목조름' 범죄로 다시 규정하기 시작했다. 이를테면 소매치기를 목조름 또는 교살 시도로 분류하기 시작한 것이다. 그러자 목조름 범죄의 통계 숫자가 즉각 높아졌고, 이는 사람들의 불안을 증폭시켰다. 어떤 사람들은 목이 졸릴까 봐 두려워서 '의심스러워 보이는' 사람을 자기가 먼저 공격하는 식의 선제 조치를 취했다. '의심스러워 보이는' 사람이 완전히 결백한 사람이었는데도 말이다. 발명가들은 장사 수완을 발휘해 허리춤에 차는 권총, 목 졸림 방지 칼라, 휴대용 무기 등 목 졸림 방지 도구를 광고하기 시작했다. 경호업계도 호황을 구가했다. 어두워진 후에 노인이나 밤길을 무서워하는 사람들은 건장한 남성을 경호원으로 고용해 함께 다녔다. 그리고 정부는 1863년에 '목조름 방지법'을 통과시켜 시대의 분위기에 부응했다. 목조름범에게 태형을 선고할 수 있게 한 법이었다. 목조름 범죄의 월간 통계는 1862년 11월에 32건으로 최고치를 기록했다. 그리고 이듬해 1월에 이 수치는 2건으로 뚝 떨어진다. 패닉은 끝났다. 찻잔 속의 폭풍이라 할 만했다.

도덕적 패닉과 관련해 빠지지 않는 것이 루머와 가십이다. 그리고 스탠리 코언이 지적했듯이 패닉을 설정하고 선동하는 데는 미디어의 역할이 지대하다. 좋은 기사보다 공포를 과장하는 기사가 낫다는 것이 저널리즘업계의 공공연한 비밀이다. 실제로 많은 대중 매체가 도덕적 패닉을 바탕으로 번성한다. 도덕적 패닉은 오락성과 경고성을 한데 결합하고 두려움과 매혹을 한데 결합하는데, 이 모두가 눈길 끄는 기사를 만들어주는 핵심 요소다.

그리고 매체들은 다른 뉴스를 밀어내고 그 뉴스를 되풀이하면서 도덕적 패닉을 지속시킨다. 여기에 '평범한' 시민, 기사 내용에 동조하는 정치인 등이 도덕적 패닉에 무게를 실어주는 목소리를 계속해서 보탠다. 또 반대쪽 근거에 대한 언급은 없는 채로 '전문가'들을 선별적으로 인용해 기사 내용에 신빙성이 있다는 인상을 준다. 그리고 소셜 미디어가 이를 널리 퍼뜨리면 이것이 다시 뉴스의 원천이 되면서 소셜 미디어와 뉴스 매체 사이에 상호 강화적인 순환이 생겨난다.

패닉 보도의 트레이드마크는 비난과 혐오를 섞어 대중 사이에서 폭발적인 감정을 불러일으킬 수 있는 종류의 설명을 제공하는 것이다. 19세기에 매독은 '더러운 염병'으로 불렸다. 1980년대에 HIV/AIDS는 '죄에 대한 응보'라거나 '천형'으로 여겨졌고 환자들은 '문란'하거나 '일탈적인' 사람으로 묘사됐다.[3] 21세기 들어서 반항아가 비난의 표적으로 다시 떠올랐다. 2001년 〈타임스〉에는 '비가 내려 뾰족머리 도당들로부터 자본주의를 구하다'라는 제목의 기사가 실렸고 2007년에 주간지 〈선〉은 '후드티는 선하지 않다'라는 제목의 기사로 반항적 젊은이들을 비난했다.

경고를 울려대는 도덕적 패닉의 화법은 이미 잘 닦인 길을 따라간다. 현상이 과장되면서 그것이 일으키는 두려움도 과장된다. 그리고 눈길을 잡아끌도록 과대 포장된다. 가령 '폭발적인 비율'이나 '재앙적인'이라는 표현은 그 현상의 실제 규모나 중요도를 알려주는 실증 통계와는 전혀 부합하지 않는다. 성찰적이고 비판적인 매체는 패닉 단추를 누르려 하지 않지만, 그렇다고 그런 기사가 꼭 중립적으로 읽히는 것은 아니다. '청중 이론(audience theory)'에 따르면 독자는 수동적인 수용자가 아니다. 독자는 자신이 읽는 것을 기존에 가지고 있던 개념 틀에 맞춰 받아들인다. 그 과정에서 기사가 실제 핵심과 반대로 해석되는 일도 왕왕 발생한다.[4]

저널리즘 용어를 빌리면, 도덕적 패닉을 일으키는 기사는 '쟁점 관심 주기(issue attention cycle)'가 있다. 예를 들면 1980년대에 미국에서는 '사탄 숭배 의식과 학대 사건'에 대한 도덕적 패닉이 널리 일었다. 사탄 숭배 의식과 인육 파티, 하늘을 나는 마녀 등에 대한 '숨겨져 있던 충격적 기억'을 되살려냈다는 이야기가 숱하게 등장했다. 타블로이드 신문은 선정적인 제목을 뽑았고 복음주의적 기독교는 경고의 목소리를 높이 울렸다. 하지만 1980년대 말이 되자 이런 내용을 뒷받침할 증거가 없다는 것이 확실해졌고, '숨겨진 기억을 되살리는 것'은 방법론으로서의 신뢰를 거의 잃었다. 사탄 숭배와 학대는 실제로 존재한 일이 아니었다. 언론 보도는 수그러들었고 1990년대 초에 이르자 이에 대한 패닉은 수명이 끝났다.

어떤 패닉은 생길 때만큼이나 빠르게 사라지고 금세 잊힌다. 하지만 어떤 패닉은 더 오래가는데, 도덕을 수호한다고 자처하는 사람들(교회 지도자, 경찰 간부, 정부 각료 등)이 언론 보도에 권위를 보태면서 패닉의 수명을 늘리는 경우가 그렇다. 이들은 여론을 염두에 두고 언론이 일으킨 파도를 타면서, '문제를 해결할 수 있는 결정적인 조치'를 취하라고 목소리를 높인다. 나중에 신빙성이 없는 것으로 판명이 나더라도 도덕적 패닉이 생겨나는 것은 언론 입장에서 일단 좋은 일이다. 언론사 수익에 도움이 되는 것은 차치하고서라도 도덕적 패닉은 언론 소유자와 편집진이 국가적 의제 설정에서 갖는 영향력을 확대시키고, 따라서 더 많은 뉴스를 만들어낼 수 있게 한다.

새로운 '사회의 적' :
난민

2001년 8월, 난파하는 난민선에 타고 있던 438명의 아프가니스탄 난민(아동 46명과 임산부 3명 포함)이 노르웨이 화물선에 의해 구조됐다. 그들은 호주에서 난민 신청을 하려 했고, 당시에 완전히 탈진한 상태였다. 몇몇은 의식이 없었고, 많은 사람들이 피부 질환, 저체온증, 이질에 시달리고 있었다. 그런데 호주 총리 존 하워드(John Howard)는 특수부대를 보내서 호주 영토에 '보트 피플'이 내리는 것을 막았다. 하워드는 이들이 호주 국경을 불법으로 침범하려 했다며 이들보다 더 오래 기다리고 있는 난민 신청자들 앞으로 '새치기'를 하려 했다고 비난했다. 또 하워드는 자신이 호주의 주권을 지켜야 하며, 수용소가 만원인 데다 이들 중 테러리스트가 있을지도 모른다고 언급했다.[5] 가엾은 피난민이 군사력을 동원해 물리쳐야 할 침입 세력이 된 셈이다. 이런 반응은 호주를 거의 백인 국가로 유지해온 유구한 노력, 그리고 외국인이 호주의 국가 정체성을 흐리게 할 것이라는 오랜 공포와 맥을 같이한다.

난민이라는 존재는 이방인 혐오를 쉽게 자극한다. 특히 '잘못된' 피부색, 종교, 출신 국가를 가진 경우는 더 그렇다. 자신의 의사에 반해 어쩔 수 없이 삶의 터전을 떠나게 된 사람이 늘면서 부유한 서구 국가들에 공포가 일고 있다. 전에는 한두 방울의 물방울처럼 문을 두드리던 난민이 갑자기 홍수처럼 밀려들어와 국가의 사회적 조직이 흔들리고 붕괴될지 모른다는 공포가 퍼지는 것이다. 고난에 처한 사람들을 돕는 것은 좋은 일일지 모르지만 내 삶의 방식에 심각한 피해를 줄 때는 그렇게 여겨지지 않는 법이다. 이렇게 해서 도덕적 패닉의 재료가 만들어진다.

"난민이 영국을 분열시킨다!"
〈더 선〉(2003년 5월 8일)

"너무 물렁한 영국, 유럽의 난민 수도가 되다.
영국, 지난해 다른 유럽 국가들보다 난민을 훨씬 많이 받아…."
〈데일리 메일〉(2012년 6월 6일)

"전체적으로 평가할 때 소수 인종, 이민자, 난민에 대한 차별적이고 독자들의 부정적인 감정을 자극하며 균형 잡히지 않은 보도는 우려할 만하다."

브라이언 레브선(Brian Leveson) 항소법원 판사, 〈언론의 문화, 관습, 윤리에 대하여(An Inquiry into the Culture, Practices and Ethics of the Press)〉(2012년 11월)

외국인이 난민 보호 제도를 악용한 사건이 하나만 발생해도 모든 난민에 대한 이미지가 나빠진다. 모든 난민이 믿을 수 없으며 잠재적 범죄자이고 일탈적인 행동을 하게 될 사람 취급을 받게 되는 것이다. 스코틀랜드에서 2000년의 신문 기사를 분석한 한 연구에 따르면, 난민을 부정적으로 묘사한 기사가 긍정적 또는 중립적으로 묘사한 기사보다 현저하게 많았다. 난민은 보통 '제도를 악용해서 이득을 취하는 사람' 혹은 '공짜로 얻어가려는 사람'으로 비난받았다.[6] 인종 분쟁이나 내전 등 그들이 실제로 겪은 사건과 고통의 맥락이라든지, 대부분의 난민은 고국이 평화와 안정을 찾으면 고향으로 돌아가고 싶어 한다는 점 등은 거의 언급되지 않았다.

인종, 종교, 성적 성향, 사회집단, 정치적 견해 등의 이유로 박해받을 때 보호처를 구하는 것은 인간의 가장 절박한 행동 중 하나이고 아주 오랜 현상이며 전쟁이나 내전이 닥치면 더 증가하는 문제다. 난민은 자신을 안전하게 받아주는 곳에 갈 수 있기를 바라는 마음 하나로 자신이 가진 모든 것을 건다. 피난처를 제공하는 것은 기본적으로 인도주의적인 행동이며, '난민의 지위에 관한 협약' 당사국들이 모두 인정한 바다. 하지만 현실 정치는 다르게 말한다.

문을 기꺼이 열어주는 나라도 있긴 하겠지만, 대부분의 나라에서는 난민을 잠재적 위협으로 여기는 대중의 공포가 촉발되고, 도덕적 패닉 속에서 난민에게 문을 닫아버린다.

새로운 '사회의 적':
무슬림

국가 형성의 역사는 종교 간의, 또 종교와 국가 간의 상호 비난으로 얼룩진 역사다. 앞에서 언급한 '사회의 적'에 대한 논의가 여기에도 모두 적용된다. 종교적·사회적 가치가 자신과 다른 사람이나 집단을 타자화하고 악마화하는 것이다. 오늘날 타자화와 악마화의 핵심으로서 서구의 인종 정치를 규정하는 것은 단연 무슬림 혐오다. 언론이 '진실'이라며 보도하는 내용과 서구의 문화적 지배력은 무슬림이 서구적 삶의 방식과 안전에 위협을 제기한다는 공포를 불러일으키는 데 연료를 대왔다. 2001년 9월 11일 뉴욕 세계무역센터 테러와 2005년 런던 테러 이래로 무슬림을 다루는 서구 매체의 기본 어조는 공포였다. 2006년 어느 일주일간의 신문 기사를 분석한 연구에 따르면, 총 352건의 무슬림 관련 기사 중 91퍼센트가 부정적인 기사였다.[7] '무슬림'이라는 단어는 일반적으로 테러리스트, 극단주의자, 이슬람주의자, 자살 폭탄, 무장 공격 등의 단어와 함께 쓰였고 긍정적인 묘사는 매우 드물었다. 기사 제목은 무슬림이 사회를 '접수'하는 것에 대한 경고를 소리 높여 외쳤다. "이슬람 신자, 2035년이면 기독교인보다 많아질 듯"(《데일리 메일》), "무슬림의 나라 영국, 거대한 위험 지대가 되어가나"(《선데이 타임스》), "캔터베리 대주교, 이슬람 율법이 불가피하다고 경고하다"(《인디펜던트》) 등이 그런 사례다. 또 멜러니 필립스(Melanie Phillips)는 저서 《런더니스탄(Londonistan)》에서 영국에서 기독교와 영국적 가치가 쇠퇴하는 것을 한탄하면서 이것이 런던의 주요 지역에 '테러 지구'와 이슬람 '식민지'가 생겨났기 때문이라고 주장했다.[8]

무슬림과 비무슬림 사이에는 공통분모가 전혀 있을 수 없다는 생각이 널리 퍼져 있다. 이렇게 믿는 사람들은 스스로 인정하듯이 이슬람에 대해 알고 있는 지식이 언론 기사로 접한 것 말고는 거의 없다. 그리고 이들이 접하는 언론 기사는 무슬림에 호의적이지 않다.[9] 미국에서는 일부 반(反)이슬람 집단이 그들이 밀고자 하는 쟁점을 언론에서 과다하게 부각시키는 데 성공했다. 그렇게 해서 무슬림이 미국 사회의 좋은 것을 모조리 파괴하는 주된 위협이라는 인상을 만들어냈다.[10] 또 무슬림 인구가 2퍼센트도 안 되는 호주에서 무슬림은 사회의 공포를 악용하는 언론에 의해 범죄자로 낙인찍히고 비난받는다. 무슬림이 이룬 성취나 이슬람교의 긍정적인 면은 언론에 거의 언급되지 않으며, 이렇게 해서 평범한 무슬림까

지 주변화된다.[11]

무슬림 혐오 광풍 속에서 몇 가지 단편적인 문화적 관습이 과다하게 지목돼 비난을 받곤 한다. 부르카를 착용하는 관습이 그런 사례다. 부르카 착용이 미덕으로 여겨지는 경우는 거의 없고 억압적이고 해로운 관습으로만 묘사된다. 이슬람 사원과 이슬람 학교도 비슷한 취급을 받는다. 급진 강경파 이슬람주의의 온상으로 여겨지는 것이다. 2012년 1월에 스위스 매체인 〈로컬〉은 '급진 무슬림, 스위스 최대 모스크를 지으려 하다'라는 제목의 기사를 이슬람 사제가 설교단에서 양손을 휘저으며 설교하는 자료 사진과 함께 내보냈다. 그 전부터 스위스는 이슬람 사원의 첨탑 건설을 금지하고 있었는데, 이는 유엔 인권위원회에서 이슬람 혐오라고 비난받은 바 있고 종교의 자유를 보장하는 스위스 헌법에 위배되는 것으로 지적받기도 했다.

호주에서는 2007년 10월에 한 자선 단체가 시드니 교외 지역 캠던의 시 당국에 이슬람 학교를 세우겠다는 제안서를 제출했다. 유치원부터 고등학교까지 수업을 진행하며 종교 집회를 위한 장소로는 사용하지 않을 것이었다. 그런데 그 이후에 공포와 패닉이라고밖에는 달리 표현할 길이 없는 일이 벌어졌다. 호주 〈텔레그래프〉지는 '부글대는 인종적 긴장, 캠던에서 폭발 직전'이라는 기사(2008년 1월 14일)와 '캠던의 이슬람 학교에 반대해 교회들이 연합하다'라는 기사(2009년 4월 22일)를 내보냈다. 학교 건립에 반대하는 소셜 미디어 사이트가 속속 생겨났고 라디오와 텔레비전에서도 관련 기사가 숱하게 보도됐다. 시 의회에는 3000통의 청원이 날아들었는데, 대부분 학교 건립을 반대하는 청원이었고 이슬람 혐오를 숨기지 않고 드러냈다. "무슬림이 호주에 와서 호주인이 될까요? 아닙니다. 그들은 선봉으로 호주에 온 것이고 점차로 호주를 점령하려는 것입니다." "이슬람 학교, 아니 이슬람과 관련된 어느 것도 안 됩니다. 그들을 자기네 집으로 보내세요." 학교 건립 반대자들은 입장을 더 분명히 드러내기 위해 돼지머리 두 개를 막대기에 끼우고 그 사이에 호주 국기를 걸어서 학교 부지로 제안된 곳에 갖다 놓았다. 여기에 민족주의를 표방하는 정치인들이 합세해 학교 건립 반대 목소리를 보탰다. 결국 캠던 시 의회는 '계획상의 문제'를 이유로 들어 이 제안을 반려했다.

이슬람 혐오는 매우 강력한 빗자루여서 앞에 놓인 모든 것을 쓸어버린다. 이슬람에 대한 혐오와 비난으로 치우친 기사가 보여주는 무시무시한 세계를 읽다 보면 우리는 본능적으로 모든 무슬림을 다 뭉뚱그려서 공포심을 갖게 된다. 두려움과 혐오는 무슬림 중에서도 누가 비난받을 만하고 누가 그렇지 않은지에 대한 변별력을 덮어버린다. 온건한 신념을 가지고 평화적으로 살아가는 다수의 무슬림은 자신의 목소리를 내기가 너무나 어렵다. 사실 급진적인 폭력에 대한 견해를 물었을 때 미국의 무슬림은 다른 종교를 가진 사람들보다 많은 비중이 민간인 살해를 애도했으며 알카에다에 대해 전혀 공감하지 않았다.[12] 바로 여기에 무슬림 혐오의 핵심이 있다. 이슬람의 이름으로 반목을 조장하는 사람들, 즉 비난받아 마땅한 사람들(자살 테러범, 급진파 종교 지도자, 지하드 훈련 캠프와 폭력을 지원하는 국가)에게 쏠려야 할 비난이 이슬람교를 믿는 모든 사람에게로 퍼지는 것이다. 이들 모두를 '급진주의자'라고 칭하면서 말이다. 그리고 여기에 언론이 지대한 역할을 한다. 사회의 걱정과 두려움을 자극하는 것은 정치 기사 만들기의 핵심이다. 불합리할 정도로 극단적인 기사를 싣는 경우도 있다. 기자들이 이슬람 테러리스트에 대한 정보를 별로 갖지 못한 상태에서 정부가 언론에 제공하는 약간의 정보는 '권위 있고 믿을 만한' 정보라며 보도되고, 다시 정부는 이러한 보도를 무슬림 추방 정책의 근거로 삼는다.[13]

우리는 더 사려 깊은 분석을 추구해야 한다. 가령 어떤 기사는 국가에 존재하는 차별적 구조를 짚어낸다. 프랑스에서는 이슬람이 두 번째로 신도가 많은 종교인데도 무슬림이 일자리 구하는 데 어려움을 겪으며 주류 문화로 받아들여지지 못하고 있다. 그렇다 보니 무슬림은 무슬림 공동체를 형성해 그 안에서 정체성을 찾고 일자리 등의 사회적 지원을 구하게 된다. 그러면 무슬림 공포주의자들은 이를 무슬림이 프랑스 사회에 동화되기를 거부한다는 증거로 사용한다. 영국에서도 비슷하다. 교육받은 젊은 무슬림은 사회적 진출이 막혀 있으며 사실상 자신이 영국 사회의 외부에 존재한다고 느끼게 된다. 이렇게 좌절을 하고서 극단적인 이슬람에 경도되기도 한다. 하지만 우리는 여기에서도 무슬림의 문화적 다양성을 기억해야 한다. 파리에는 사하라 이남의 무슬림이, 영국에는 소말리아 무슬림이, 암스테르담에는 모로코 무슬림이, 베를린에는 터키 무슬림이 있다. 이들은 각자 고유한 배경과 지역적 역사를 반영하는 경험을 쌓아왔지만 이슬람 공포주의자들은 편리하게도 이 모든 차이를 무시해버린다.

무분별한 비난이
경직된 사회를 만든다

비난 문화는 경직되고 두려워하며 희생양을 만드는 분위기를 조장한다. 구성원들은 실수를 인정하지 않으려 하고 책임을 남에게 전가한다. 비난 문화는 개인의 주도권을 없애고 자기방어를 촉진한다. 그럼으로써 심리학 교수 제임스 리즌이 명명한 '취약 시스템 증후군', 즉 조직이 실패와 기능 장애를 일으키기 더 쉬워지는 현상을 불러온다.

누구의
잘못인가

1987년 3월 6일, 도버행 로로선(경사판을 이용해 차량이나 컨테이너 등을 실을 수 있는 배-옮긴이) '헤럴드 오브 프리 엔터프라이즈'호가 벨기에 제브뤼헤를 떠난 지 4분 뒤에 뒤집혀 193명이 사망했다. 뱃머리 쪽 출입문인 선수 문이 열려 있었다. 선수 문을 닫는 것은 부갑판장 담당이었는데 그 시간에 부갑판장은 선실에서 잠을 자고 있었다. 법원은 이렇게 언급했다. "분명히 그는 앞으로 오랜 시간 후회하고 뉘우쳐야 할 것이다." 여기에서 이야기가 끝날 수도 있었다. 하지만 부갑판장보다 직위가 더 높은 사람이 선수 문이 열린 것을 보고도 아무 조치도 취하지 않았다는 것이 밝혀졌다. 그는 자기 담당이 아니어서 그랬다고 말했다. 그렇게 따지자면 선수 문이 안전하게 닫혔는지 선장에게 보고하는 일은 누구의 담당도 아니었다. 사실 이 문제는 이 회사 선단에 속한 다른 선장이 얼마 전에 제기한 적이 있었다. 그 선장은 경고등을 설치해달라고 했으나 '대충병'에 걸린 경영진이 묵살했다. 그리고 설계상의 결함도 있어서 물이 들이닥칠 경우 배가 쉽게 뒤집힐 상황이었던 것으로 밝혀졌다.

물론 우리가 부갑판장을 비난하는 것은 정당하다. 그가 이 비극의 결정적 촉매였다. 하지만 그는 전체 이야기 중 일부에 불과하다. 지난 30년 동안 발생한 대형 사고와 재난을 조사한 한 연구에 따르면, 가장 가시적으로 잘못이 있는 사람을 지목해서 그에게만 비난을 쏟는 것은 재난의 재발을 막는 데 그리 효과가 없었다. 그런데도 우리는 그 한 사람만 보는 것에서 더 나아가지 못한다. 비난할 개인이 있으면 사건이 마무리됐다는 느낌을 주고, 다른 이들을 비난에서 면해주며, 언론의 억측을 잠재운다. 이로써 재난의 잠재적 원인이 흔히 조직 내의 빈틈 속에 숨겨져 있거나 간과되고 있다는 사실을 덮어버리게 된다.

비난 문화의
맹점

'누구의 잘못인가?'는 조직에서 무언가가 잘못되면 으레 들리는 후렴구다. 잘못한 사람을 찾아내서 그를 비난하려는 것이다. 잘못이 심각한 경우에는 강등이나 해고 등 엄한 징계가 가해진다. 그렇게 처리가 끝나고 나면, 조직은 하던 대로 일을 계속할 수 있다.

이런 식으로 비난을 개인에게 돌리는 것은 우리의 일상에서 일반적으로 보이는 현상이다. 하지만 조직 내에서 벌어지는 일일 경우 중요한 차이점이 하나 있다. 바로 조직 문화의 영향이다. 비난이 존재하지 않는 조직은 현실적이지도 않고 바람직하지도 않다. 무모한 행동에 대한 제재가 없으면 조직에 대한 신뢰도가 떨어질 것이고, 조직 내부자들에게는 특히 더 그럴 것이다. 누군가가 고의적으로 중요한 운영 원칙이나 규칙을 무시했다면, 또는 중요한 책임을 회피하거나 법을 어겼다면 그는 비난받아 마땅하다. 하지만 어떤 문제가 발생하든 일단 비난부터 하고 보는 조직이라면, 즉 조직이 구성원을 대하는 기본적인 방식이 비난이라면 이런 조직 문화를 '비난 문화'라 부를 수 있을 것이다.

대개 비난 문화는 직원의 성과를 인정해주기보다는 잘못을 추궁하는 데 치중하고, '어떻게 고칠 것인가'보다는 '누가 망가뜨렸는가'에 치중하는 고위층에서 비롯한다. 비난 문화는 경직되고 두려워하며 희생양을 만드는 분위기를 조장한다. 구성원들은 실수를 인정하지 않으려 하고 책임을 전가한다. 나중에 나를 비난하는 요인으로 되돌아올 텐데 업무상의 문제를 내가 왜 보고하겠는가? 잘못되면 내가 비난받게 될 텐데 새로운 아이디어를 왜 시도하겠는가? 요컨대 비난 문화는 개인의 주도권을 없애고 자기방어를 촉진한다. 심리학 교수 제임스 리즌(James Reason)이 명명한 '취약 시스템 증후군', 즉 조직이 실패와 기능 장애를 일으키기 더 쉬워지는 현상을 불러온다.[1] 이러한 현상이 만연하면 위기가 닥쳤을 때 재앙이 될 수 있다. 위기 때는 일상적이지 않은 대응이 절실히 필요한데, 비난 문화에서는 그런 대응이 나올 수 없기 때문이다.

비난 문화에서
공정 문화로

비난 문화의 반대는 사람들이 자신의 실수를 인정하고 새로운 제안을 할 수 있으며 다른 이들과 협력해서 문제 해결에 나설 수 있는 조직 문화다. 이런 조직에서라고 비난이 없는 것은 아니지만 근본적으로 이런 조직은 열려 있고, 포용적이며, 공평하다. 다시 말하면 공정하다. 공정 문화는 조직 구성원이 희생양이 되거나 앙갚음을 당할까 봐 걱정하지 않고 비판, 불평, 경고, 실수 등을 할 수 있는 문화다. 또 스스로 통제할 수 없는 결함이나 고장에 대해서 개인을 비난하기보다는 정말로 잘못된 것이 무엇인지에 대해 더 철저히 조사한다.[2]

공정 문화에서는 '이중 고리 학습(double-loop learning)'의 장점이 최대로 활용된다. 사건의 분석을 맡은 사람(경영자, 감사인, 직원 등)이 문제의 현장에 가서 맥락과 정책, 기존에 통용되던 통념 등을 폭넓게 조사해 애초에 무엇이 그 문제를 일으킬 소지를 만들었는지를 연구한다.[3] 이는 '단일 고리 학습(single-loop learning)'과 대조적이다. 단일 고리 학습에서는 잘못한 사람을 찾아내서 그를 비난하고, 그것으로 끝이다.

비난 문화에서 공정 문화로 전환하려면 뿌리박힌 습관과 옛 방식에 이해관계가 있는 사람들에게 도전해야 한다. 최고 지도층의 강한 의지가 필수적이다. 또 조직 전체를 대상으로 문화적 전환의 필요성에 대한 인식을 높여야 하고 교육과 훈련으로 이를 뒷받침해야 한다. 옛 문화의 상징, 예를 들면 처벌 규정, 서면 징계, 일정 횟수 이상 위반 시 해고 같은 규정은 없어져야 한다. 문화적 변화라는 것이 다 그렇듯이 변화에 대해 확신을 주는 것은 말이 아니라 행동이다.

공정 문화가 실제로 도입되는 속도와 양상은 분야마다 다르다. 문화를 일거에 바꾸기보다는 단계별 방식으로 도입하는 경우가 많다. 민간 항공 분야에서는 조종사, 관제사 등 일선 직원들이 혹여 자신의 죄를 입증하는 것처럼 보일까 봐 문제점을 보고하지 않으려 하는 경향이 있다. 사고가 나면 자동적으로 기소를 당할 수 있기 때문이다. 이에 대해 국제민간항공기구는 직원들이 자신이 교육받고 실행해온 것과 부합하게 내린 행위, 부작위(해야 할 행동을 하지 않은 것-옮긴이), 의사 결정 등에 대해서는 처벌받지 않게 하되 배임, 고의적인 위반, 파괴적인 행동에 대해서는 관용을 보이지 않는 법적·제도적 틀을 마련할 것을 각국에 촉구하고 있다.⁴ 몇몇 국가의 공군은 이런 공정 문화적 정책을 이미 도입했다. 이를테면 캐나다 공군의 비행 안전 프로그램은 오류나 부작위를 익명으로 보고할 수 있게 했다. 보고하는 사람에게 비난이 쏠리는 것을 막기 위한 것이다. 또 보고 내용은 징계나 소송 절차에서 이용할 수 없다.

'안전 협의' 제도를 실험하는 곳도 있다. 여러 부서 사람들이 모여 비난하지 않는 분위기에서 문제점에 대해 논의한다. 잘 진행된다면 자부서 이기주의를 깨고, 안전에 영향을 미칠 수 있는 오류나 위기일발이었던 상황 등에 대해 서로가 가진 지식을 공유할 수 있다. 여기에서는 관료제적 요소가 최소화되고 공식적인 회의록보다는 비공식적인 메모가 선호된다.

의료 분야에서 이런 사례를 볼 수 있다. 보스턴에 있는 한 산과 병동에서는 과중한 업무와 피로에 지친 의사들이 환자별 투약 금지 약물을 제대로 확인하지 못하는 경우가 있었다. 간호사들은 이 문제를 알고 있었지만 의사를 비난하거나 의사에게 도전하기를 꺼렸다. 그리고 병원의 조직 문화에서는 의사들이 서로를 비판하는 것이 일종의 금기였다. 문제를 해결하기 위해 병원 경영진은 하루 두 번 '직원 회진'을 열기로 했다. 이것은 안전 문제를 논의하는 장으로 간호사, 의사, 레지던트들이 모여 비난이나 비판 걱정 없이 자신이 생각하는 바를 이야기할 수 있었다. 여기에서 환자 진료 계획과 의사의 일정이 재검토되고, 필요한 경우 수정됐다.⁵

사회복지 분야에도 비슷한 사례가 있다. 사회복지사는 매우 힘들고 압박이 심한 여건에서 일하며, 복잡하기 짝이 없는 각각의 사례에서 결과에 대한 책임을 전적으로 개인이 지는 경우가 많다. 영국의 한 사회복지 기관에서 몇몇 사례에 대한 개입이 크게 잘못 이뤄지는 일이 발생했다. 그런데 이곳은 사회복지사들을 줄 세워서 추궁하고 비난하는 일반적인 방식을 택하지 않고 선임 관리자들과 사회복지사들이 함께 모여 서로 비난하지 않으면서 경험을 공유하는 방식을 택했다. 당시에 무엇이 의사 결정에 영향을 미쳤는지, 어떤 우려가 있었는지 등을 함께 꼼꼼히 살폈다. 이러한 접근 방식에 대해 사회복지사들은 무엇보다 안도감을 느꼈다. 한 사회복지사는 이렇게 말했다. "비난받고 있다는 느낌이 들지 않으니까 내가 내렸던 결정을 정말로 꼼꼼하게 되짚어볼 수 있었어요. 그러면 당시의 사례에서 어떻게 했어야 했는지 뿐 아니라 현재 맡고 있는 사례에서도 어떻게 해야 할지 시사점을 얻을 수 있죠."[6]

비난으로
수익을 얻는 사람들

비난은 돈이 된다. 미국에서 이혼 부부나 고충을 겪은 노동자들은 이 점을 예전부터 잘 알고 있었을 것이다. 금전적인 피해 보상은 '비난-보상' 문화의 특징이고, 이제는 미국뿐 아니라 영국에서도 그렇다.

건강과 안전에 대한 요구 사항이 엄격해지고 노동자와 소비자가 법적 권리를 더 잘 알게 될수록 기업은 비난에 취약해진다. 특이한 사례는 신문에 실리기도 한다. 2005년에 영국의 한 교사가 감자 칩을 밟고 넘어져서 인대가 파열됐다. 넘어진 곳은 구내식당 옆의 휠체어용 경사로였는데, 타일의 얼룩과 문양 때문에 바닥에 떨어져 있던 감자 칩이 보이지 않았다. 이 교사는 5만 5000파운드의 보상금을 받았다.[7] 또 다른 영국 교사는 화장실이 급해서 가장 가까운 곳으로 뛰어 들어갔는데 그곳은 어린 학생들의 작은 신체에 맞게 지어진 곳이었다. 교사는 앉다가 미끄러져서 고관절이 탈구됐고 1만 4000파운드의 보상금을 받았다.[8] 꽤 큰 액수지만 미국의 사례에는 비할 바가 못 된다. 1990년대에 맥도날드에서 뜨거운 커피를 쏟아 허벅지에 화상을 입은 79세 여성은 300만 달러에 가까운 보상금을 받았다.[9]

소송을 건다고 다 이기는 것은 아니다. 맥도날드는 2003년에도 소송 건으로 조명을 받았다. 뉴욕에 거주하는 이즈리얼 브래들리(Israel Bradley)가 10대 딸의 비만에 대한 책임을 물으며 맥도날드를 상대로 소송을 제기했다. 딸 재즐린은 빅맥과 맥머핀으로 먹고 살다시피 했는데 몸무게가 120킬로그램까지 늘었다. 브래들리는 "나는 맥도날드 음식이 아이들 건강에 좋다고 늘 믿었다"라고 주장했다.[10] 하지만 판사는 이 경우 어디에서 선을 그어야 할지 판단하고 실천하는 것은 개인의 책임이라고 판결했다. 원고가 패소한 또 다른 사례로 유타 주의 로렌 로젠버그(Lauren Rosenberg)가 구글을 상대로 제기한 소송이 있다. 로렌은 블랙베리에 구글맵을 다운받아 목적지를 찾아가던 중 교통사고를 당했다. 구글맵이 알려준 대로 걷다 보니 고속도로를 지나가게 됐는데 여기에는 인도가 없었던 것이다. 로렌은 운전자에 대해서는 피해 보상 소송을, 구글에 대해서는 안전하지 않은 길을 안내한 것에 대한 소송을 제기했다. 하지만 판사는 구글에 대한 소송은 인정하지 않았다.[11]

'보상 서비스업계'는 상해 사고에 대해 소송을 거는 것이 정상적인 일처럼 보이게 만든다. '보상 컨설팅'이 가히 활황을 이루고 있다. '전국 사고 상담 서비스'라는 곳에서는 이렇게 말한다. "알고 계셨습니까? 매년 영국에서 250만 명이 사고로 다칩니다. 그런데 이 중 겨우 6퍼센트만 상해 보상 청구에 관한 자신의 법적 권리를 알고 있습니다." 이기지 못하면 수수료를 받지 않는다는 '클레임스 디렉트(Claims Direct)'라는 웹사이트는 자신들이 기꺼이 맡아서 처리해주겠다는 37가지의 소송 범주를 제시하고 있는데 경추 손상, 화상, 자전거 사고, 직장 스트레스, 미끄러짐, 식중독, 제품 결함 등이 포함돼 있다. 자신의 경우가 해당되는지 아닌지 아리송해하는 사람들을 위해 '신체 부위를 클릭하세요'라는 코너도 있다. 해당 신체 부위를 클릭하면 상해 시 피해 보상금을 얼마나 받을 수 있는지 알려준다.

이러한 적대적 게임의 상황에서, 큰 기업들은 찔러볼 만한 상대로 여겨지곤 한다. 큰 기업들과 이들이 가입한 보험회사는 보상금을 낼 여력이 있기 때문이다. 2010년 멕시코 만 석유 누출 사고 때 BP사도 그런 경우를 겪었다. 이 사고는 환경뿐 아니라 어민, 식당 주인, 호텔 종사자 등의 생계도 파괴했다. 하지만 보상 청구가 17만 건에 육박하면서 BP와 BP의 변호사들은 과장 청구와 거짓 청구가 많다는 것을 발견했다. 워낙 중대한 사고였던 터라 BP의 이러한 불평을 동정하는 사람은 거의 없었다. 그렇지만, 정말로 손해를 본 사람에게 돌아가야 할 돈을 가로채서 부당 청구로 이득을 취하려는 사람들이 있다는 의구심이 제기됐다는 사실은 '소송과 배상 문화'에 '날로 먹으려는' 유혹이 존재함을 보여준다.

2000년대에 영국이 '유럽 경추 손상의 수도'라는 안 좋은 평판을 얻게 된 것도 그러한 유혹 때문이었다. 2005년에서 2011년 사이 영국에서는 교통사고 건수가 크게 줄었는데도 경추 손상에 대한 소송은 크게 늘었다. 하루에 1500건이나 제기된 적도 있었다. 의사들(경추 소송 진단을 받으러 오는 단골 고객이 있는 경우도 있었다)은 경추 손상 소송을 진행해주면 수수료를 받을 수 있었다. 그리고 경추 손상은 반박 증거를 제시하기 어렵기 때문에 대개 원고가 원하는 대로 소송이 진행된다. 이런 점을 범죄 조직이 놓칠 리가 없다. 이들은 고속도로에서 일부러 추돌 사고를 일으킨 후 경추 손상으로 소송을 제기했다. 한번은 범죄조직이 평소에 6~8명 정도가 타는 버스에 30명의 승객을 동원해 태운 뒤 일부러 작은 추돌 사고를 일으켰다. 곧 완전히 동일한 내용의 경추 손상 소송 30건이 제기됐다.[12]

비난을 피하려면
극도로 조심해야 한다!

    중대한 결함이 있어서 피해를 유발하는 제품이나 서비스에 대해 보상하는 것은 탄탄하고 윤리적인 경제의 중요한 특성이다. 이는 제조자의 책무성을 높인다. 하지만 보상 중심의 문화는 경제를 왜곡하고 부당 이득을 취하는 기생적 경제를 양성한다. 그리고 일상적인 수준의 위험들이 (합법적으로든 불법적으로든) 쉽게 돈을 벌 수 있는 수단으로 활용된다.

    당연하게도, 이에 대한 대응으로 '극도로 조심하는' 조직이 생겨난다. 아무리 작은 위험 요인이라도 모조리 제거하려 하고, 누구는 사다리를 올라가도 되고 누구는 안 되며, 누구는 물을 끓여도 되고 누구는 안 되고, 누구는 전구를 갈아 끼워도 되고 누구는 안 된다는 등의 출처가 불분명한 이야기가 생겨난다. 수학여행, 어드벤처 놀이터(아이들에게 자극을 주도록 일부러 도전적인 기구들을 배치한 놀이터 -

옮긴이), 아이들의 스포츠 활동 등은 일부 교육 당국자들이 너무 위험하다고 판단하는 바람에 이제 줄어드는 추세다. 또 시 당국은 가을이 오는 것을 걱정한다. 가을이면 "마로니에 열매 주의! 조심해서 지나가세요"라든지 "주의! 떨어지는 도토리를 조심하세요"와 같은 경고 문구가 붙는다.[13] 마로니에 열매와 도토리가 주는 자연적인 즐거움은 이제 안전상의 문제와 보상 리스크로 재규정됐다.

고객을 직접 접하는 직종의 노동자들은 소송 가능성을 신경 쓰면서 일해야 한다. 변호사, 회계사, 정신과의사, 심리상담사, 부동산 중개업자 등이 특히 위험한 직군이고, 뭐니 뭐니 해도 이 점에서 최상위에는 의사가 있다. 전통적인 의사의 이미지는 냉철하고 신과 같이 모든 것을 아는 사람이지만, 이제는 의심스러운 이미지로 바뀌었다. 의사도 실수를 하고 비난받을 수 있다. 의사도 소송에 걸릴 수 있다. 20년 경력을 가진 영국의 한 일반 보건의는 이렇게 말했다. "조금이라도 잘못되면 그가 당장 나를 비난하리라는 점을 아는 상황에서는 환자를 대할 때 친절함과 예의와 에너지를 계속 높게 유지하기가 어렵습니다."[14] 의료 과실에 대한 의혹이 제기되면 의사에게 깊은 그림자를 남긴다. 한 의사는 이렇게 말했다.

소송을 당하면 끔찍한 낙인이 찍힌다. 봉투를 열자마자 가슴이 덜컥 내려앉고 의심의 검은 기름이 마음속을 속속들이 채운다. 머리는 공포로 굳어지고 오만 가지 추측으로 널을 뛴다. '나는 이제 끝이구나. 어떤 일이 벌어질까? 내 경력은 이것으로 끝났어. 어떻게 살지? … 소송에서 지면 어떡하지?' 진실을 알고 싶지 않게 되고, 재판을 받으러 가고 싶지 않아진다. 끔찍한 고통을 느끼면서 이런저런 서면을 제출한다. 끝날 때까지. 그리고 머리를 숙인다. 자신감과 의지력은 사라지고 없다.[15]

방어 진료는 이러한 위험을 다소 줄여준다. 갖가지 검사를 받게 하고 수많은 전문가의 견해를 듣기 때문에 철저하다는 인상을 주지만, 불필요한 의료 행위가 이뤄진다. 이는 의사들을 보호하기 위한 것이다. 수술 전 환자에게 책임 면제 양식에 서명하도록 하는 것은 당연한 일이 되었고, 심지어 어떤 의사는 환자의 상태가 너무 위험해서 치료 결과를 확신할 수 없는 경우 진료를 거부하기도 한다.

방어 진료는 영국, 미국, 호주, 뉴질랜드, 이스라엘, 일본, 독일 등 여러 나라에서 나타나는 전 세계적 현상이다. 최근 영국 의사들을 대상으로 한 어느 조사에 따르면 78퍼센트가 이런저런 형태로 방어 진료를 하는 것으로 나타났다.[16] 미국에서도 많은 신경외과와 내과 의사들이 방어 진료를 한다고 답했다. 진료에 필요한 것보다 더 많은 검사를 받게 한다는 것이다.[17] 간호사와 병원 직원들은 방어 진료의 이유로 소송의 두려움을 꼽는다.[18] 방어 진료 때문에 미국에서 의료 비용이 크게 늘고 있는 것으로 나타났다. 한 추정치에 따르면 방어 진료, 의료 과실 배상 등을 포함해 의료 책임 시스템에 들어가는 비용이 연간 556억 달러나 된다.[19]

감사 사회의
딜레마

　감사인은 기업의 강점과 약점을 파악하고, 잘못됐거나 불법적인 행위, 또는 이해관계의 상충 등에 대해 책임과 비난이 어디로 향해야 하는지를 짚어낸다. 회계 분야에서는 독립적인 외부 감사를 받는 것이 이미 오랜 원칙이고, 공공의 신뢰를 얻기 위해서도 필수적이다. 이에 더해 이사회에 대해 책무를 지는 내부 감사가 거버넌스를 추가로 보완한다. 기업과 정부에서 비효율적이고 비윤리적인, 혹은 부패한 행위가 벌어질 수 있다는 우려가 높아지면서, 건전한 거버넌스를 촉진하고 책무성을 높이는 수단으로 감사의 역할이 확대됐다.

　하지만 런던 정경대학 마이클 파워(Michael Power) 교수에 따르면 감사 제도가 늘 그렇게 기대대로 작동하는 것은 아니다. '감사 사회(audit society)'는 투명성을 높이는 것을 목적으로 하지만 종종 그 반대의 결과를 내곤 한다. 비난 문화를 작동시키고 방어적 행위를 촉진하는 것이다. 파워 교수는 '전형적인' 피감사인을 다음과 같이 묘사했다.

피감사인은 매우 복잡한 존재다. 기만적이면서 위축돼 있다. 규정 준수의 술수에 수완이 있지만 그런 술수에 지치고 냉소적이 돼 있기도 하다. 마음 편하라고 만들었을 뿐인 공허한 인증들에 신경이 쓰이지만, 의무적으로 받아야 할 감사의 종류를 증폭시키는 데 공모하고 있기도 하다. … 공공에 대한 설명 책임을 다하고 이해관계자들과 대화하는 게 좋은 것이라는 건 알지만, 수년간의 경험과 훈련이 쌓인 다음에 오히려 자신이 전문가로서 신뢰받지 못하는 의아한 현실에 직면한다.[20]

감사를 받는 쪽은 감사가 기껏해야 요식적인 절차이고 나쁘게는 의기소침하게 만드는 과정이라고 말한다. 공공 의료 분야는 전 세계적으로 점검과 감사를 많이 하기로 유명한데, 각각의 검토 보고서는 다시 새로운 감사 도구와 점검표를 만들어낸다. 스웨덴의 한 연구에 따르면 '과다한 문서 작성'이 근무 시간의 25퍼센트 이상을 잡아먹는다.[21] 피감사인은 피할 수 없었던 실수나 조직의 결함에 대해 자신이 비난받거나 희생양이 될까 봐 걱정한다. 목표 수치를 충족시킨 것처럼 보이게끔 '손을 본' 보고서와 규정 준수를 위한 여러 가지 술수가 널리 쓰인다. 일부 피감사 기업은 결과에

우호적인 영향을 미치려고 자료를 선별적으로 제공하거나 감사의 통제 시스템이 지닌 취약점을 악용하기도 한다.[22]

2000년대 초 영국 웨일스 경찰이 이런 왜곡된 모습을 드러냈다. 이곳 경찰은 범죄 인지율을 기준으로 외부 감사를 받았다. 인지율은 경찰의 성과를 측정하는 지표 중 하나다. 인지율이 평가 기준이 되자 경찰들은 무엇을 보고하고 무엇을 보고하지 않았는지를 신경 쓰게 됐고 인지율 수치를 높일 수 있는 '가벼운' 범죄 쪽에 치중하게 됐다. 에든버러 대학교 어빈 랩슬리(Irvine Lapsley) 교수는 참치 마요네즈 샐러드에서 오이를 빼내 다른 아이에게 던진 아이가 체포된 사례를 언급했다. 또 '던지려는 의도로 달걀을 가지고 있었던' 사람에게 경찰이 주의를 준 경우도 있었다.[23] 더 '남는 장사'는, 사건 하나를 인지했는데 이것이 여러 건으로 확장되는 경우다.

한 아이가 구호단체 '코믹릴리프'에 보내려고 모금한 돈 700파운드를 가지고 있다가 걸린 것에서 그 작전이 시작됐다. 인지율 수치를 높이기 위해 경찰이 후원금을 낸 모든 사람을 만났다. 2주간 집집마다 조사해서 542건을 수사한 것으로 만들었다. 당연히 500건이 1건보다 낫다.[24]

감사인들은 이해 당사자에게 정말로 중요하고 실질적인 정보를 제공하는 것과 감사인의 존재 가치인 신뢰를 갉아먹는 시스템을 만드는 것 사이의 가느다란 선 위를 걷고 있다.

2부

우리가 깨닫지 못했던
비난의 순기능

건강한 비난은 도덕의 수호자가 될 수 있다

시민들, 비난으로
기업의 횡포에 맞서다

우리는 기업의 비윤리적이거나 불법적인 활동, 노동 착취, 환경 파괴, 제품 결함, 거짓 약속 등에 대해 적극 비난해야 한다. 시민 활동가들은 기업에 사회적 책임을 묻는 대표적인 사람들로, 우리가 그들의 목적과 방법론에 모두 동의할 필요는 없지만 그들이 없다면 훨씬 더 빈약한 사회에 살게 되리라는 점은 분명하다.

기업의
두 얼굴

기업은 비윤리적이거나 불법적인 활동, 노동 착취, 환경 파괴, 제품 결함, 거짓 약속이나 지키지 않은 약속 등 많은 일들에 대해 비난받는다. 거대 기업과 민간 유틸리티(수도, 전기, 가스 등) 업체가 특히 취약한데, 이들은 '최악의 기업'으로 꼽혀 언론에 오르기도 한다.[1] 가장 강한 비판이 쏟아지는 곳은 아동 노동, 포르노, 동물 학대, 무기 제조, 낙태, 담배 등과 관련된 기업이다. '사회적 책임'은 오늘날 경영 화법에서 핵심이 됐지만, 그렇다고 기업이 저절로 미덕을 실행하는 것은 아니다. 기업법에 따르면 기업은 주주 가치를 최대화할 의무가 있다. 여기에서 '가치'는 주주들이 투자에 대해 가장 높은 수익을 가장 빠르게 올리는 것을 의미한다. 그리고 밀턴 프리드먼(Milton Friedman: '기업의 사회적 책임은 이윤을 내는 것'이라고 언급한 바 있다)의 경제학파는 여전히 기업인 사이에서 영향력이 있으며, 환경오염이나 지역사회 파괴, 노동자 보호 등의 비용은 가능하면 언제나 외부화돼 사회가 그 비용을 떠안는다.

기업은 공개적으로 비난을 받으면 변호와 방어에 막대한 자원을 사용한다. 소송이 제기된 경우에는 막강한 법률 팀을 구성하며, 합의금을 크게 깎는 데 성공하곤 한다. 보팔 참사를 일으킨 유니언 카바이드도 그랬다. 1984년 어느 날 밤, 인도 중부 도시 보팔에 위치한 유니언 카바이드 비료 공장에서 유독 가스가 누출됐다. 공식 사망자 수는 2259명이고, 많게는 8000명까지 추산하는 곳들도 있다.[2] 그 외에 1만 6000명이 독성 물질로 인한 질병과 장애를 겪었다.[3] 유니언 카바이드는 합의금으로 3억 5000만 달러를 제안했지만 원고를 대리해 소송을 진행하던 인도 정부가 거부했다. 인도 정부가 요구한 금액은 33억 달러였다. 하지만 5년 뒤 합의에 도달한 금액은 4억 7000만 달러로, 인도 정부가 애초 요구한 금액에 턱없이 못 미쳤다.[4] 피해자들은 항소했지만 패했고, 주요 임원들에게 형사 책임을 물으려던 시도도 오래도록 성공하지 못했다.[5] 유니언 카바이드 인도 자회사의 고위 임원이 기소를 당한 것은 26년이나 지난 뒤였다. 그리고 사고 당시 미국 본사 회장이었던 워런 앤더슨 (Warren Anderson)은 기소되지 않았다. 그는 사고 직후 인도에 갔다가 체포됐지만 보석금을 내고 곧바로 풀려나 미국으로 돌아왔으며, 미국 정부는 인도에 신병 인도를 거부했다.[6]

악명 높은 석유 누출 사건 이후에 엑손이 취한 대응도 비슷했다.

1989년 액손의 대형 원유 운반선 발데즈호가 알래스카의 프린스윌리엄 해협에서 암초와 충돌했다. 2140킬로미터의 해안이 오염됐고 2만 8500제곱킬로미터의 대양이 파괴됐다. 어민과 소상업자들이 입은 직간접적 피해가 너무 막대해서 1994년에 법원은 미국 역사상 가장 큰 징벌적 배상액인 50억 달러를 선고했다.[7] 액손은 항소했고 2008년에 배상액은 5억 750만 달러로 대폭 줄었다.[8] 사고 25주년이 됐을 때도 이 배상금 중 9200만 달러는 분쟁 중이었다. 사고 당시 쏟아져 나온 원유가 프린스윌리엄 해협에서 계속 발견되고 있다는 언론 보도가 나오는 와중이었는데도 말이다.[9]

기업을
비판하는 사람들

우리 삶의 모든 면이 속속들이 기업화되고 있다. 이것이 바로 기업 비판자들을 하나로 묶어주는 점이다. 대표적인 기업 비판자로는 《사로잡힌 국가(Captive State)》의 저자 조지 몬비오(George Monbiot), 《소리 없는 점령(The Silent Takeover)》의 저자 노리나 허츠(Noreena Hertz), 《거대 기업과 싸우기(Battling Big Business)》의 저자 이블린 러버스(Eveline Lubbers), 《슈퍼 브랜드의 불편한 진실(No Logo)》의 저자 나오미 클라인(Naomi Klein) 등이 있다. 나오미 클라인은 체인 슈퍼마켓, 대형 할인점, 패스트푸드점, 커피 전문점 등에 초점을 맞추면서 특히 큰 반향을 불러일으켰다. 클라인은 전 지구적으로 도처에 존재하는 대형 브랜드들이 우리에게 '브랜드 폭격(brand bombing)'을 가한다고 설명한다. 우리가 브랜드를 인식할 수 있는 용량을 포화시켜서 브랜드에 별 문제의식 없이 안주하게 만든다는 것이다. 우리는 기업이 브랜딩에 쏟는 엄청난 돈에 대해, 그리고 그러한 브랜딩 비용과 기업의 수익이 안전 조치 없이 노동력을 비정규직화해 비용을 낮춤으로써 지탱되곤 한다는 사실에 대해 알지 못하거나 알고 싶어 하지 않는다. 거대 브랜드 기업은 개발도상국을 아우르는 공급망을 가지고 있는데, 그곳 노동자들은 엄격하게 비용이 통제되는 환경에서 현지 아웃소싱업체를 통해 착취당한다.

기업 비판자들은 스포츠 경기장에 기업 이름을 내거는 것에서부터 학교에 교구나 시설을 제공하는 것까지 기업 브랜딩 활동의 일환으로 벌어지는 일들도 지적한다. 재정이 빠듯한 학교로서는 이런 후원을 거부하기 어렵다. 맥도날드는 자칭 세계에서 가장 널리 알려진 브랜드 중 하나인데, 이는 어느 정도 사실이다. 맥도날드는 '수업 내용을 증진시키기 위해' 학교에 교육 자재를 제공한다. 여기에는 영양 정보와 환경 정보도 포함돼 있는데, 이는 맥도날드가 오래도록 비난받아서 민감한 영역이다. '소프트 마케팅(직접적으로 매출에 연관되는 '하드 마케팅'과 달리 당장의 매출로 이어지지는 않더라도 저변을 넓히는 활동-옮긴이)'의 사례로, 사회적 책임이라는 포장을 씌워서 아이들을 자사 브랜드로 끌어들인다.[10]

산업이 소수의 독과점 기업으로 집중됨에 따라 기업들은 손댈 수 없어 보일 정도로 막강한 권력을 갖게 됐다. 다국적 기업의 수입은 어지간한 국가의 수입을 능가하는 경우도 많다. GE의 가치는 뉴질랜드 국내총생산(GDP)보다 크다. 포드의 가치는 모로코 국내총생산 보다 크다. 애플은 폴란드보다, 아마존은 케냐보다, 맥도날드는 라트비아보다, 엑손은 태국보다 크다. 기업의 부와 영향력은 상당 부분 기업법의 보호를 받는다. 가령 미국에서 기업은 '법인'으로 취급되는데, 이는 기업이 ('자연인'이 누리는) 헌법적 권리까지 포함하는 광범위한 권리를 요구하면서도 책무는 주주들에게만 한정적으로 질 수 있게 해주는 흥미로운 개념이다.[11]

양심을 선택한
내부 고발자들

2003년 11월 27일 밤, 사티엔드라 쿠마르 두베이(Satyendra Kumar Dubey)는 귀가하기 위해 기차역에서 자신을 태우러 올 차를 기다리고 있었다. 그런데 운전사가 시동이 걸리지 않는다며 오지 않아할 수 없이 릭샤를 탔다. 하지만 두베이는 귀가하지 못했다. 무장한 사내들이 릭샤를 세우고 총을 쏴 그를 죽인 것이다.

두베이는 인도 고속도로청의 젊은 관리자였다. 그의 업무는 고속도로 건설 프로젝트를 감독하는 것이었는데, 총리가 특히 관심을 갖는 프로젝트였다. 두베이는 공사 품질이 심각하게 우려되며 몇몇 구간은 작업을 다시 해야 한다고 주장했다. 또 부패와 뇌물이 만연한 것, 특히 (인도에서는 드물지 않은 일이긴 하지만) 열등한 업체에 하청이 돌아가는 경우가 많은 것도 매우 걱정스러워했다.

이런 점을 직속상관에게 말했지만 아무 반응이 없었다. 그래서 두베이는 총리실과 고속도로청 청장에게 직접 편지를 썼다. 협박 전화를 받고 있다는 내용도 적었다. "일반인이 이런 편지를 쓰면 대체로 그리 진지하게 여겨지지 않을 것이므로 분명하게 알려드 리고자 합니다. … 이 편지는 이 프로젝트와 매우 긴밀하게 관련돼 있으며 이 프로젝트에 대해 매우 우려하는 시민이 꼼꼼하고 면밀 한 조사와 숙고를 거친 뒤에 작성한 것입니다. … 우선 별도로 첨 부한 (비밀을 유지하기 위해 별도로 첨부했습니다) 적요 사항을 읽어주 시기 바랍니다."

두베이는 자신의 이름을 비밀로 해달라고 요청했다. 하지만 그 렇게 되지 않았다. 이 편지와 그의 신분이 인도 행정 당국의 미로 를 타고 다른 이들에게 전해졌고 그의 상관도 알게 됐다. 두베이는 내부 고발의 대가로 목숨을 잃었다.[12]

제프리 위건드(Jeffrey Wigand)는 1989년부터 1993년까지 브라운 앤드 윌리엄슨 담배 회사의 연구·개발 책임자로 일했다. 그는 담 배와 질병의 연관성을 보여주는 증거들을 회사가 감추려 하는 것 이 점점 우려되었다. 더 안전한 담배를 개발하려는 시도는 가로막 혔고 조직 내에서 문제를 제기하려던 위건드의 노력도 좌절됐다. 결국 그는 회사를 그만뒀다. 회사는 그가 내부 정보를 가지고 있는 것이 불안해서 기밀 유지 서약서에 서명하라고 했다. 언론이든 어 디든 다른 이에게 이야기하면 안 된다는 일종의 함구령이었다. 하 지만 그는 너무 심각한 문제라고 생각해서 텔레비전에 출연해 이를 폭로했다. 대중에게 큰 찬사를 받았지만 그 자신은 큰 대가를 치러야 했다. 어린 딸들에 대해 익명의 살해 협박을 받았고(우편함에서 총알이 발견되기도 했다) 24시간 경호가 필요했다.[13]

이렇듯 내부 고발자는 자신의 평판, 경력, 가족, 때로는 목숨까지 위험에 빠뜨린다. 그런데 내부 고발을 마음먹는 당시에는 이런 점까지 미처 생각하지 못한다. 위험을 감수하는 일이라는 사실은 알아도 그 위험이 어느 정도일지는 생각하지 못하는 것이다. 그들은 양심의 가책을 느끼는 사람이라면 해야 마땅할 일을 한다. 도덕적으로 의심스럽거나 비윤리적인 활동을 공개하는 것이다. 진실은 알려져야 한다. 그들은 '어차피 안 될 거야'라고 생각하는 동료들의 숙명주의를 받아들이지 않고 목소리를 내는 것을 두려워하지도 않는다.[14] 직급이 낮은 내부 고발자도 있지만 대부분은 노조 대표, 안전 담당 임원, 재무 담당 임원 등 고위직이거나 전문가다.[15] 이들은 내부적으로 문제를 제기해도 반응이 없어서, 혹은 잘못을 저지르고 있는 장본인에게 잘못을 보고해야 하는 상황에 처해서 외부에 문제를 공개한다. 내부 고발자를 깎아내리려는 사람들이 만들어내는 이미지와 달리 이들은 관심받고 싶어서 안달하는 사람도 아니고 타고난 불평꾼도 아니다.[16]

내부 고발에는 도덕적인 용기가 필요하다. 또 침묵과 순응의 조류를 거슬러 가기 위한 기지와 무모함도 필요하다. 내부 고발의 장벽은 막대하다. 일반적으로 직장에서의 규범은 동료에 대해 비판하는 것을 금기시한다. 그리고 방관자 효과('누군가가 나서겠지. 그게 나일 필요는 없어')는 많은 위법 행위가 계속 숨어 있을 수 있게 만든다. 더 큰 문화적 요인도 있다. 일자리가 만성적으로 부족한 라틴 아메리카와 일부 아시아 지역에서는 내부 고발이 자칫 다른 이의 일자리를 없애버리게 될지 모른다는 우려가 있다. 한국, 일본, 중국에서는 내부 고발자가 집단 윤리를 저해하고 가족과 공동체에 불명예를 가져올 수도 있다. 또 독일, 러시아, 남아프리카에서는 내부 고발이 비밀 정보원이 활동하던 공포스러운 과거의 기억을 상기시킬 수도 있다.

조직 입장에서는 '공개를 택한' 내부 고발자가 배신자나 마찬가지다. 잘잘못이 어땠든지 간에 조직의 더러운 수건을 대중 앞에서 빨아서는 안 되는 것이다. 내부 고발자는 굉장히 빠르게 보복을 당할 수 있다. (정신과 의사의 도움을 받아) 내부 고발자의 정신 상태를 문제시하거나, 그가 맡았던 업무 영역을 축소 또는 주변화하거나, 동료들이 그를 피하게 하거나, 불가능한 업무를 할당하거나, 먼 지역으로 파견하거나, 반복적인 징계성 교육을 받게 하는 식으로 말이다.[17]

정부의 내부 고발자는 특히 가혹하게 응징된다. 브래들리 매닝 (Bradley Manning)의 사례가 대표적이다. 미 육군 정보 분석병으로 이라크에서 근무하던 매닝은 2010년에 미 국무부의 외교 전문 수천 건을 공개해 외교 언사의 표리부동함을 드러냈다(매닝이 공개한 자료는 외교 전문 외에도 이라크에서 이라크 국민들과 기자들이 미군에 의해 살해되는 장면을 담은 영상, 미국 정부가 기록한 아프가니스탄 전쟁에 관한 미공개 문서, 미국의 이라크 전쟁 기록 등 국가 기밀문서가 포함돼 있었다.-옮긴이). 그의 행위는 자유의 횃불이라며 대중의 찬사를 받았지만 국무부로부터 그에 못지않은 강도의 정죄를 받았다. 매닝은 방첩법 위반으로 유죄가 인정돼 35년형을 선고받았다.

　이렇듯 내부 고발에는 굉장한 위험이 따른다. 하지만 어려움을 뚫고 주목할 만한 변화를 일으킨 사례도 있다. 고발 내용이 대중에게 크게 호소력이 있을 때, 그리고 국가적으로 큰 충격을 줄 때 내부 고발자는 굉장한 찬사를 받는다. 셔론 왓킨스(Sherron Watkins), 신시아 쿠퍼(Cynthia Cooper), 콜린 롤리(Coleen Rowley)가 그런 사례다. 이들은 〈타임〉이 선정한 '2002년 올해의 인물'에 이름을 올렸다. 〈타임〉은 이들이 '막대한 직업적·개인적 위험'을 감수하고 '실패하지 않는 안전장치' 역할을 했다고 평가했다.[18] 셔론 왓킨스는 엔론 코퍼레이션의 기업 개발 담당 부회장이었다. 왓킨스는 CEO에게 회계 처리에 조직적인 부정이 존재한다고 알렸고, 회계 부정은 결국 회사의 파산으로 이어졌다.[19] 미국 통신 기업 월드컴의 내부 감사이던 신시아 쿠퍼도 회계 부정을 내부 고발했다. 쿠퍼의 팀은 거의 38억 달러에 해당하는 회계 사기를 잡아냈다.[20] 월드컴 직원으로서 쿠퍼는 원래 외부에 문제를 공개할 의도는 없었지만 한 의원이 쿠퍼가 작성한 감사 보고서를 언론에 알렸다. 월드컴은

2002년에 파산했고 CEO는 회계 부정을 지시한 죄로 25년형을 선고받았다.[21] FBI 요원이던 콜린 롤리는 9·11 테러 직전 현장 요원들이 자카리아스 무사위를 조사해야 한다고 요구했으나 본부가 이를 묵살한 사실을 FBI 국장에게 알렸다. 무사위는 9·11 공모자 중 한 명으로 종신형을 선고받았다. 롤리는 상원 청문회에서 FBI가 이 일을 잘못 처리했다고 증언했다.[22]

법이 내부 고발자를
보호할 수 있을까?

 내부에서 제기되는 비판에 귀를 기울이고 그로부터 교훈을 얻으려는 조직도 있다. 이런 조직은 내부 고발을 비난하기보다는 독려한다. 이는 생산적인 분쟁 중재 문화의 핵심이다. 고충처리위원회가 만들어지고 통상적인 보고 체계를 따르지 않아도 되는 핫라인이 마련된다. 루퍼트 머독이 회장으로 있던 2012년과 2013년에 뉴스 코퍼레이션은 전화 해킹과 불법 기밀 정보 매매로 스캔들에 휩싸였다. 뒤늦은 대응이긴 했지만, 뉴스 코퍼레이션은 핫라인을 만들어서 회사 윤리 규정에 어긋나는 행위를 알게 된 직원들이 보복의 두려움 없이 이를 보고할 수 있게 했다.

 이런 조치의 신뢰도는 폭로된 사실에 대해 조직이 어떻게 반응하느냐에 달려 있다. 이는 때로 조직이 곤란한 상황에 처하더라도 내부 고발자의 신원을 보호해야 한다는 의미기도 하다. 영국 국민

보건서비스(NHS)에서 한 내부 고발자가 의료 자문역 두 명이 근무 중에 사적인 일을 보았다고 폭로했다. 두 자문역은 고발 내용을 부인했지만 NHS의 부정행위전담반이 조사하는 동안 업무에서 배제됐고 동료들과의 접촉도 금지됐다. 3개월간의 조사 결과 고발 내용이 사실무근인 것으로 밝혀졌다. 이들은 업무에 복귀했지만 건강과 평판에 큰 손실을 입었다. 그러는 동안 내부 고발자는 계속 익명으로 남아 있었고 아무것도 책임지지 않았다. 의료 자문역 노조는 '악의적인 내부 고발이 의료 자문역의 경력을 파괴하고 있는데도 가해자에게는 어떤 실질적인 책무성도 요구되지 않는다'고 불만을 드러냈다.[23]

고객을 직접 응대하는 기관 중에는 고객이 문제를 제기할 수 있는 통로를 열어둔 곳도 있다. 미 국세청은 다른 사람의 탈세 사실을 신고하는 개인에게 금전적 보상을 해준다. 미 국세청은 1987년부터 2010년 사이에 보상금으로 29억 달러를 지출했다.[24] 국민이 제기하는 불평에 귀를 닫아버리는 것으로 악명 높은 중국도 공무원의 권력 남용 사례를 시민이 신고할 수 있도록 핫라인을 운영하고 금전적 보상도 제공한다. 지역 검찰은 연간 1만 건 이상 신고를 받으며 온라인에도 약 6000건의 신고가 올라온다.[25] 이런 식으로 고발을 유도하는 것은 감시 사회를 연상시켜 불편한 감정을 불러오기도 한다. 하지만 그보다 더 큰 공공선에 기여해 사회 전체가 이득을 볼 수 있다는 점에서 정당성을 얻기도 한다. 탈세와 부패를 막는 등의 형태로 사회에 이득이 된다는 것이다.

고용 안정과 발언의 자유 등을 규정하는 법이 내부 고발자를 보호해주기도 하지만, 대개의 경우 내부 고발자는 법으로 잘 보호되지 못한다. 내부 고발자 보호를 염두에 두고 만든 법은 내부 고발자가 고발하게 된 이유보다는 고발 이후에 그들이 어떤 처우를 받는지에 관심을 기울인다. 내부 고발자가 부당하게 희생양이 된 경우에 법원은 언제 희생양 만들기가 시작됐는지, 어떤 형태였는지, 누가 주도했는지 등에 대한 증거를 내부 고발자에게 요구한다. 그런데 이런 내용은 회사 측의 막강한 변호인단에 의해 반박되곤 한다. 내부 고발자는 처음에 이런 일을 미처 생각하지 못한 나머지, 법정에서 쓸 때를 대비해 녹음이나 기록을 충분히 확보해놓지 않아 곤란을 겪곤 한다.

사회적
압력 집단

사회적 압력 집단은 단발성 조직부터 커다란 국제기구까지 다양하다. 암묵적으로든 명시적으로든 이들 모두는 자신이 집중하고 있는 문제에 대해 저항과 비판으로 변화를 일구고자 한다. 어떤 곳은 소비자, 노동자, 환자, 장애인 등 특정 집단의 이해관계로써 자신의 운동을 규정한다. 이런 곳은 자신이 대변하는 사람들의 기본적인 필요를 충족시키지 못하는 제도를 지적한다. 어떤 곳은 이념적 대의를 중심으로 활동하면서 비도덕적이라고 여겨지는 사안, 가령 무기 제조, 낙태 시술, 동물 실험 등에 반대한다. 또 어떤 곳은 사업의 내용보다는 사업의 방식을 문제 삼는다. 노동 여건이 착취적인지, 지역사회를 파괴하는지, 불분명하고 오도하는 주장을 하는지, 남획 등으로 자연환경을 파괴하는지 등을 조사하고 폭로한다. 모든 압력 집단은 자신이 집중하는 대의에 관심이 쏠리기를 원하며 그들이 겨냥하는 기관이나 기업이 해명하기를 원한다. 하지만 압력 집단들 간에는 차이도 크다. 어떤 곳은 공공연히 공격적이고 적대적인 입장을 취하고, 어떤 곳은 파트너십을 통해 설득하려고 하며, 또 어떤 곳은 관찰하고 조사한 내용을 공개하는 독립적 감시 기구 역할을 한다.

거대 기업에
맞서 싸운 사람들

'맥리벨 2인(McLibel Two)'은 거리 저항을 한 단계 끌어올린 사건이다. 1990년, 영국에서 맥도날드는 전직 우편원과 정원사에 대해 명예훼손 소송을 제기했다. 이 두 명은 '맥도날드, 무엇이 문제인가: 맥도날드가 당신에게 숨기려 하는 것들'이라는 제목의 전단지를 배포했다. 전단지에는 맥도날드가 판매하는 중독적인 정크푸드, 맥도날드에서 나오는 폐기물, 맥도날드 제품과 관련한 아동 노동 착취와 환경 파괴 등의 내용이 담겨 있었다. 이 다윗과 골리앗의 싸움은 7년을 끌었다. 소송을 당한 맥리벨 2인은 영국 정부로부터 법률 지원 요청을 거부당해 변호를 직접 해야 했다. 1997년에 판사는 맥리벨 2인이 맥도날드를 비판한 내용 중 일부가 근거가 충분치 않았으며 따라서 맥도날드가 명예훼손을 당한 점이 인정된다며, 그 피해에 대해 배상해야 한다고 판결했다.[26]

이들은 판결에 불복해 항소했고, 스트라스부르에 있는 유럽 인권재판소에도 제소했다. 2005년 유럽 인권재판소는 맥리벨 2인이 원심에서 공정한 재판 절차를 보장받지 못했다며, 영국 정부가 그들에게 배상금을 지급해야 한다고 밝혔다. 맥리벨 2인은 대중의 영웅이 됐다. 맥도날드를 비판하는 기사가 매체에 무수히 게재됐고 이들을 다룬 다큐멘터리도 제작됐다. 맥도날드는 평판에 막대한 손실을 입었다.[27]

한두 해 뒤 대서양 건너 미국에서도 패스트푸드점에 대한 비판이 일었다. 이번에는 타코벨이었다. 활동가들은 타코벨이 플로리다 주에서 토마토 수확 노동자들을 착취하고 있다며 이 노동자들이 미국에서 가장 심하게 착취당하는 축에 꼽힐 것이라고 주장했다.[28] 이 운동은 학생들과 지역 공동체들의 지지를 받았고, 2001년 캘리포니아 주 타코벨 본사 앞에서 노동자들이 단식 투쟁을 하면서 널리 알려졌다. 타코벨은 3년간 불매운동에 시달렸고, 결국 노동자들의 요구 사항인 70퍼센트 임금 인상 요구를 받아들였다.[29]

마지막 사례는 다시 영국이다. 체인 유통업체 테스코에 대한 저항 운동으로, 나오미 클라인이 슈퍼마켓업계를 비판한 내용과 일맥상통하는 면이 있다. 테스코는 3000개의 매장을 두고 영국 식료품 시장의 30퍼센트를 차지하고 있었다. 공격적인 영업 방식과 사업 확장을 위한 욕심은 테스코 노조와 '지구의 벗(Friends of the Earth)' '빈곤과의 투쟁(War on Want)'과 같은 여러 단체의 저항에 부

덮혔다. 지역 활동가들은 특히 테스코가 소규모 독립 상인들에게 미치는 악영향과 시내 중심가가 동일한 브랜드로 동질화되는 것을 비난했다. 반(反)테스코 동맹 '테스코폴리 얼라이언스(Tescopoly alliance)'는 문제점을 이렇게 요약했다.

소규모 상점이 문을 닫는 것은 일방통행적 과정이라는 게 문제다. 일단 시내에서 독립 상점이 문을 닫으면 시내로 되돌아오기가 매우 어렵다. 또 새 상점이 진입하기도 매우 어렵다. 티핑 포인트에 도달할 수도 있다는 우려도 있다. 어느 정도 숫자 이상의 소매 매장이 문을 닫으면 도매상의 영업도 지탱되지 못해 무너질 수 있는 것이다.[30]

2011년 브리스톨 시민들이 여기에 저항했다. 사회적 다양성이 큰 '대안적' 동네에 테스코가 새 편의점을 세우려 하자 반대 운동을 벌인 것이다. 이 매장은 규모는 크지 않았지만 상징성이 컸다. 이 지역은 이미 여러 독립 식료품상과 슈퍼마켓이 수요를 잘 충족시키고 있었다. 지역민들이 보기에 테스코는 지역 정부가 기업 권력을 막는 데 실패한 사례였다. 시작은 온건했다. 참가자들은 '지역적으로 생각하고 테스코를 불매하자'라는 전단지를 돌리고, 테스코의 마케팅 슬로건 '한푼 한푼 모아 태산입니다(Every Little Helps)'를 패러디해 '테스코를 멈추세요. 한푼 한푼이 상처가 됩니다(Every Little Hurts)'라는 현수막을 들고 거리 행진을 했다. 그러다가 더 공격적인 참여자들이 등장했다. 소셜 미디어를 통해 소식을 접한 사람들이었다. 시간이 지나면서 저항은 점점 더 강렬해졌고 폭동으로 발전했다. 새 매장은 완전히 부서졌다.[31]

1년 뒤에 이 매장이 다시 문을 열었다는 점에서 보면 저항은 실패였다. 또 폭동의 이미지 때문에 저항의 대의가 실추되기도 했다. 하지만 다른 지역과 테스코 경영진에게 테스코가 사회적 자본을 갉아먹고 있음을 공개적으로 알리는 유익한 효과도 냈다. 또 지역 공동체와 시 당국이 지역 개발의 새로운 비전에 대해 토론하게 하는 촉매 역할도 했다.[32]

이러한 사례는 자생적으로 생겨난 거리 투쟁이 기업의 평판에 손실을 입힐 수 있으며 기업의 의사 결정을 막거나 되돌릴 수도 있음을 보여준다. 거리 투쟁 참여자들은 저항의 정치에서 많은 카드를 쥐고 있다. 그들은 기업이 사회적 책임 운운하며 겉만 번지르르한 말을 하는 것에 저항한다. 때로 그들의 저항은 블로그, 문자메시지 등을 통해 매우 빠르고 신속하게 조직된다. 그리고 미디어의 관심을 끌어서 지역적 저항이 전국적·국제적 저항으로 발전하게 만들기도 한다. 특정한 이슈에 모든 미디어가 관심을 갖는 것은 아니지만, 그래도 괜찮다. 나쁜 보도라도 나오는 게 아예 보도가 되지 않는 것보다는 낫다고 하지 않는가. 저항하는 사람들에게 중요한 것은 어쨌든 어딘가에 그들의 저항이 보도되는 것이다. 그들이 우려하는 문제에 대해 대중의 인식을 높일 수 있다는 의미이기 때문이다.

거리 투쟁의 진화,
축제처럼 즐긴다

'맥리벨 2인' 사건 이후 거리 투쟁은 법정 싸움으로 이어질 소지가 있는 비난을 하는 것에는 다소 조심스러운 태도를 취하게 됐다. 그래서 이제 거리 투쟁은 축제의 형태를 띠는 경우가 많다. 평화로운 행진, 연좌, 캠핑, 연극, 음악 등 대개 비난하는 대상에 의도적으로 불손하게 꾸민 프로그램으로 구성한다. 한 참가자는 런던의 '반자본주의 카니발(Carnival Against Capitalism)' 분위기를 이렇게 전했다.

축제는 리버풀 역 돌바닥에서 신나게 북을 울리는 것으로 시작한다. 거대한 중앙 홀은 이 축제를 위해 그 오랜 세월을 기다려온 것처럼 느껴진다. 우리는 북을 치면서 맥도날드와 대처 시절의 뻔뻔스러운 사무 건물들이 있는 죽은 광장으로 들어선다. … 우리는 '생각 없는 폭도'가 아니라 금융 물신과 이윤을 위해 전 지구적으로 벌어지는 엔클로저(공유지 사유화 현

상)에 맞서는 국제적 세력이다.[33]

축제의 정치적 핵심은 유머와 연극을 저항의 무기로 삼아 권위에 저항하는 것이다. 바버라 에런라이크(Barbara Ehrenreich)는 저서《거리에서 춤을(Dancing in the Streets)》에서 이렇게 설명했다. "재밌고 기이한 분장을 하고, 음악을 연주하거나 들으며, 즉흥적으로 춤을 추고, 먹을거리를 나누는 것 등은… 연대가 주는 즉각적인 즐거움이다. 국가와 기업의 압도적 권력에 맞설 수 있는 유일한 힘의 원천이 연대라는 점에서만 보더라도 그렇다. 그리고 자신의 겉모습을 바꾸고 노천에서 춤을 추며 권력자들을 조롱하고 전혀 모르는 사람들과도 어우러지려는 충동은 억압하기가 쉽지 않다."[34]

딱딱하고 유머와는 거리가 멀어 보이는 표적일수록 이러한 교란이 더 큰 도발이 될 수 있다. '탐욕스러운' 은행가들을 겨냥해 시위자들은 '월가를 점령하라(Occupy Wall Street)'고 외치며 미국 국기를 몸에 두르고 달러 지폐로 만든 테이프를 입에 붙인 채 집회에 참가했다. "언젠가 가난한 자들이 부자들 말고는 먹을 것이 없게 될 날이 올 것이다"라는 슬로건으로 핵심을 바로 치고 들어가는 참가자도 있었다. 경찰이 강경 진압을 시도하려다가 시위대의 기발한 대응에 도저히 폭력 진압을 할 수 없게 되는 경우도 생겼다. 시위 참가자들이 경찰관들을 포옹하거나 커다란 투석기로 곰 인형을 쏘아 경찰에게 보내는 등의 활동이 자생적으로 벌어진 것이다.[35]

문화 방해꾼들의
활약

'문화 방해(culture jamming)'는 예술과 그래피티 영역에서 오래도록 존재해온 전통이다. 그런데 1980년대에는 문화 방해가 기업 이미지를 공격하는 수단으로 활용되면서 '게릴라 기호학'의 형태를 띠게 됐다. 문화 방해는 기업의 로고와 광고를 비틀고 기업 선언문을 패러디하면서 반(反)광고 또는 '서버타이즈먼트'(subvertisement: '전복시키다'라는 뜻의 subvert와 '광고'라는 뜻의 advertisement를 결합한 합성어-옮긴이)를 만든다. 문화 방해의 기본적인 저항 단위는 '밈(meme)'이다. 밈은 문화적 전승의 기본 단위로 시각적·구어적·음악적 요소를 모두 포함한다. 문화 방해꾼들은 밈을 가지고 놀면서 이것을 저항의 수단으로 활용해 원래의 기업 광고나 로고에서 조롱과 반전의 메시지를 담은 새로운 스타일을 생산해낸다. 비만 킹(Obesity King: 버거킹의 패러디-옮긴이), 스틸벅스 커피(Stealbucks

Coffee: 스타벅스 커피의 패러디로, 돈을 훔치는 커피라는 뜻-옮긴이), 캔터키 프라이드 크루얼티(Kenturcky Fried Cruelty: KFC의 패러디로 'Chicken' 대신 잔혹함을 뜻하는 'Cruelty'로 대체했음-옮긴이), 살인 킹(Murder King: 버거 킹을 발음이 비슷한 '머더 킹'으로 패러디-옮긴이), 프랑켄벅스 (Frankenbucks: 스타벅스의 패러디-옮긴이), 체이스 모럴리 뱅크럽트 (Chase Morally Bankrupt: 체이스 모건 뱅크의 패러디로, '도덕적으로 파산한 체이스'라는 의미-옮긴이) 등이 그런 사례다.

축제적 저항과 마찬가지로 문화 방해의 철학은 해방주의다. 문화 방해자들은 도처에서 우리의 욕망과 욕구를 규정하는 소비의 메시지를 교란함으로써 그에 대해 문제를 제기하고 저항할 수 있다고 본다. 가령 2000년대 초 이래로 문화 방해 분야의 주요 행위자로 활동해온 단체 '애드버스터스(Adbusters)'는 '아무것도 사지 않는 날(Buy Nothing Day)'을 통해 '소비주의로부터 전 지구적인 휴일을 선포'한다. 또 예술가, 활동가, 작가, 장난꾸러기, 학생, 사업가 등으로 이뤄진 글로벌 네트워크에서 자원을 얻어 전복적인 광고를 만들면서 반기업 운동을 벌인다.[36] 애드버스터스는 광고를 패러디하고 선전 문구를 기발하게 뒤틀어서 거대 브랜드를 공격하는데, '앱솔루트 보드카(Absolut Vodka)'를 '앱솔루트 임포텐스 (Absolut Impotence: 절대적 무능이라는 의미의 Absolute Impotence를 연상시킨다-옮긴이)'로 바꾼다든지, 캘빈 클라인의 '옵세션' 향수 광고를 식이 장애에 시달리는 여성 모델이 변기에 기대어 있는 모습으로 패러디한다든지 하는 식이다. 또 다른 문화 방해 집단으로는 예술과 실험 음악으로 기업 문화에 저항하는 '네거티브랜드(Negativeland)', 서버타이즈먼트를 모아놓은 온라인 갤러리 '서버타이즈(Subvertise)', "브랜드에 미쳐 돌아가는 세상에 조금이나마 균형을 가져다줄 유용한 밈을 생산한다"는 '밈페스트(Memefest)' 등이 있다. 효과적인 서버타이즈먼트는 두 가지 면에서 눈길을 끈다. 하나는 그것이 패러디하는 원래 제품이고, 또 하나는 그에 대한 급진적인 비판이다.

서버타이즈먼트의 일종으로 '광고판 해방' 운동이 있다. '광고판 해방 전선(Billbord Liberation Front)'은 이런 활동을 하는 대표적인 단체다. 광고판 해방주의자들은 에어로졸과 페인트로 무장하고서 치고 빠지기 식으로 광고판의 기업 광고 메시지를 바꿔놓는다. 코카콜라 광고에서 '러브' 아래에 '이윤'이라고 써놓아 '이윤을 사랑한다'는 메시지로 바꾸거나 냇웨스트 은행 광고에서 '왜 수백만 영국인이 냇웨스트에 저금하는지 알아보세요'를 '왜 수백만 영국인이 냇웨스트 때문에 실업자가 됐는지 알아보세요'로 바꾸는 식이다.

언론을 속이는 방식으로 문화 방해 활동을 하는 사람들도 있다. 다큐멘터리 〈예스맨 프로젝트〉의 주인공 '예스맨(Yes Men)'은 '대대적인 범죄자들에게 공개적으로 망신을 주기 위해, 또 저널리스트들에게 그냥 넘어갔을지도 모를 중요한 사안을 다룰 핑계를 주기 위해' 이런 전술을 쓴다.[37] 예스맨은 그러한 '범죄자들'(즉 거대 기업들)의 홍보 담당자인 척 속이고서 언론에, 유튜브에, 웹사이트에, 업계의 주요 콘퍼런스에 등장한다.

그들의 속임수는 매우 그럴듯해서 표적으로 삼은 기업을 당황하게 만든다. 2004년 12월 3일에는 예스맨이 다우 케미컬 홍보 담당자를 사칭하고서 BBC에 나와 인터뷰를 했다. 다우 케미컬은 인도 보팔 참사를 일으킨 유니언 카바이드를 2001년에 합병했다. 예스맨은 인터뷰에서 다우 케미컬이 보팔 참사에 대해 완전한 책임을 지고, 1984년 참사 이래로 오래도록 투쟁해온 피해자들에게 의료 지원과 피해 보상을 할 것이라고 언급했다.[38] 다우 케미컬 경영진은 BBC가 보도한 뉴스는 사실이 아니며, BBC가 인터뷰한 남자는 자사의 대변인이 아니라고 황급히 발표했고, 다우 케미컬 주식가치는 (곧 회복되기는 했지만) 20억 달러가 사라졌다.[39]

문화 방해의 마지막 사례로 숍드로핑(shopdropping)을 들 수 있다. 매장에서 물건을 슬쩍 훔치는 숍리프팅(shoplifting)과 달리 매장에 슬쩍 물건을 두고 나오는 것이다. 오래전부터 예술가와 음악인이 자신의 작품을 공짜로 홍보하기 위해 이런 수법을 썼지만, 정치적 저항의 목적으로 사용하는 숍드로핑은 진열된 상품에 찍혀 있는 온갖 미심쩍은 인증을 문제 삼는다. 진짜처럼 보이는 가짜 인증마크를 제품에 몰래 붙이는 것이 한 가지 방법이다. 다이어트 약에 주로 쓰는 '식욕 억제 효과'라고 적힌 마크를 공장식 농장에서 생산한 쇠고기에 붙인다든지, '어느 브랜드보다도 많은 인산염'이라고 적힌 스티커를 다이어트 콜라에 붙이는 식이다.

우리는 문화 방해를 어떻게 평가해야 할까? 대그니 놈(Dagny Nome)은 논문을 통해 이렇게 언급했다.

거리를 걷다 나이키 포스터를 지나친다. 그러나 거의 인식하지 못한다. 도시에 살다 보면 상업적 메시지에 뒤덮히게 되니 말이다. 어라? 그런데 뭔가 좀 이상하다. 나는 포스터를 다시 본다. 늘 있던 흑인 운동선수가 어디로 갔지? 왜 아이를 안은 여성이 그 흑인 운동선수와 똑같은 포즈로 서 있지? 옆에 쓰인 메시지는 인도네시아 나이키 공장의 노동 여건을 설명하고 있다. 마지막 문장은 "그러므로 나이키를 신는 게 쿨해 보인다고 생각하기 전에 전 지구적으로 생각합시다"이다. 나이키가 만든 광고가 아닌 것이 분명하다. 하지만 시각적 포맷은 나이키 광고와 동일하다. 그래서 내가 처음에 그걸 나이키 광고라고 착각한 것이다. 그 때문에 부정적인 메시지에 나는 더 놀라게 된다. 그리고 궁극적으로 바로 그 때문에 나는 그 광고 메시지를 계속해서 기억하게 될 것이다.[40]

문화 방해는 방법이 혁신적이고, 광고업자의 기법을 그들에 대한 대항 수단으로 활용하면서 거대 기업의 옆구리에 돋힌 가시 같은 역할을 한다. 또 심각하면서도 재미를 준다. 웃게 만들지만 생각하게 만들기도 하는 것이다. 문화 방해꾼들은 적대적 저항 정치의 보병이며 급진적인 압력 집단처럼 입장이 명확하다. 그들이 겨냥하는 표적은 착취적이며 대중을 호도하는 등 분명히 문제를 가지고 있다. 하지만 문화 방해꾼들의 전략을 그들의 공격 대상이 역으로 활용할 수 있다는 위험성도 있다. 가령 광고업계는 문화 방해꾼들이 쓰는 아이러니 전략을 고객사를 위해 사용하기 시작했다. 또 뉴스에 간혹 보도되는 것을 제외하면 문화 방해꾼의 작품은 TV 채널에 진입하지 못한다. TV 채널의 주요 수입원을 공격하고 있으니 말이다. 나오미 클라인은 문화 방해꾼들이 '노동에서 도구로 쓰이는 스패너라기보다는 양동이에 더해지는 한 방울의 물'에 더 가깝다고 말했다.[41] 문화 방해가 자본주의를 급진적으로 재구성하거나 과장되고 허울뿐인 기업의 선전을 막을 수 있을 것 같지는 않다. '야수'는 쉽게 주눅 들지 않는다. 하지만 조금 더 조심하게 만들 수는 있을 것이다.

다양한 형태의
비정부기구

　국제적으로 4만여 개, 영국 내에 5만 2000여 개의 비정부기구 (NGO)가 활동 중인 것으로 추정된다.[42] NGO는 당국이 나서기 조심스러워하거나 해당 사안과 관련해 나설 만한 당국이 존재하지 않을 때 빠르게 대처할 수 있다. 특히 인권, 평화, 빈곤 문제가 그렇다. NGO의 활동과 의제 설정은 역사적으로 중요한 진전을 이루는 데 크게 기여해왔다. 1800년대의 노예 해방[노예폐지협회(Anti Slavery Society)], 20세기의 지뢰 사용 금지[국제지뢰금지운동(International Campaign to Ban Landmines)] 등이 그런 사례다.

　NGO는 국가와 시장 모두가 제 기능을 못할 때 그에 대한 교정 기능을 수행한다고 여겨진다. NGO는 사회에 영향을 미칠 수 있는 일반적인 통로에서 실패해 좌절한 사람들을 끌어들인다. 그린피스, 옥스팜, 셸터, 국경없는의사회, 세이브더칠드런처럼 전문화된

NGO는 긴급한 사회적 문제를 직접적이고 투명하게 다룰 수 있는 경로를 제공하는 것으로 보인다. 이들은 정치의 대안적 형태라고도 볼 수 있다. NGO 회원들은 후원자로서, 혹은 참여자로서 자신이 믿을 수 있고 자신과 관심사가 일치하는 이념과 전문 분야에 투자한다.[43]

하지만 NGO의 본질이 무엇인지를 규정하기는 쉽지 않다. 1990년대 말에 유엔(어느 면에서는 유엔도 NGO다)은 아래와 같이 복잡한 정의를 내렸다.

NGO는 비영리기구로, 그 회원들이 하나 혹은 둘 이상의 나라의 시민이거나 시민들의 단체이고, 그것의 활동이 그 NGO와 협력하는 하나 혹은 둘 이상의 공동체에서 회원들의 필요에 대응해, 그리고 회원들의 집단적인 의지에 의해 결정되는 기구를 말한다.[44]

이에 따르면 민간 영리 기업이 아니면 NGO가 될 수 있다. 또 유엔이 정의한 NGO는 윤리적으로 가치중립적이기 때문에 어떤 대의를 표방하더라도 NGO가 될 수 있다. 가령 전국총기협회도 NGO다. 이곳은 총기 소유 합법화를 찬성하는 단체인데, 유엔에 협의 지위(concultative status: 유엔 경제사회이사회에 NGO가 공식적으로 등록돼 획득하는 지위)를 가지고 있다.

조금 더 정교한 정의는 런던 시티 대학교의 피터 윌레츠(Peter

Wiletts) 교수가 아래와 같이 제시했다.

단체의 규모는 대규모 동원력을 가진 거대 단체부터 소규모까지 다양할 수 있다. 가난하고 억압받는 사람을 대변할 수도 있고 특권층을 대표할 수도 있다. 옹호 활동을 할 수도 있고, 운영상의 일을 할 수도 있으며, 공적 서비스를 할 수도 있고, 여러 사회적·경제적·정치적 단위 사이의 협력을 이끄는 일을 할 수도 있고, 다른 조직을 위해 모금을 할 수도 있다.[45]

운영 방식도 다양하다. 어떤 곳은 기업과 파트너십을 맺고 일하면서 윈윈 결과를 지향한다. 세계자연기금(WWF)은 유니레버와 파트너십을 맺고 지속 가능한 어획을 위한 활동을 벌인다. 세계자원연구소(World Resource Institute)는 BP, GM, 몬산토 등과 기후변화라든지 지속 가능 발전에 대한 정책 개발을 위해 협력한다. 환경보호기금(Environmetnal Defense Fund)은 미국 '어류 및 야생 동식물 보호국(US Fish and Wildlife Service)' 및 토지 소유자들과 협력해서 야생 서식지 복원 활동을 한다. 하지만 NGO 입장에서 볼 때 이러한 구도에는 리스크가 따른다. NGO가 기업과 평등한 관계를 유지하지 못하고 기업에 끌려다니는 문제가 생길 수 있기 때문이다. 기업 파트너와의 협상을 담당하는 한 NGO 실무자는 이렇게 언급했다.

그런 협상에 들어가면 기업 변호사들이 줄줄이 들어오고 58명의 고위

임원이 자리합니다. 당신 쪽 테이블에는 달랑 두 명이 있지요. 이럴 때면 (그들이 이렇게 생각하는 게 아닌가 하는) 의문이 듭니다. … '우리는 당신이 원하는 한 이 일을 질질 끌 수 있어. 우리 일은 일대로 하면서 여기에도 사람들이 계속 있게 할 수 있으니까.'[46]

이와 같은 위험은 NGO가 기업에서 후원금을 받을 때 더 커진다. 규모가 큰 NGO의 경우 프로그램 진행비, 인건비, 운영 관리비 등을 통틀어 연간 예산이 수백만 달러에 이르기 때문에 여러 곳에서 자금을 모으려 하고 여기에는 민간 기업도 포함된다. 또 옥스팜, 국경없는의사회, WWF 등 많은 NGO가 정부 보조금에 의존한다. 그렇다고 해서 기업이나 정부의 입김에 NGO의 대의가 꼭 손상되리란 법은 없지만, 사람들이 그렇게 여길 수 있다.

한편 '우리'와 '그들'의 경계를 엄격히 구분하는 것을 모금 철칙이나 운영 철학으로 삼는 곳도 있다. 이런 곳은 주로 '대치와 비난' 전략을 펴는 단체들이다. 대표적인 곳으로 '어스 퍼스트!(Earth First!)'가 있다. 이 단체는 웹사이트에서 아래와 같이 밝히고 있다.

지나치게 감상적인 환경 단체에 지치셨습니까? 과도하게 보수를 지급받으며 기업과 정부를 위해 일하는 환경주의자들에게 지치셨습니까? 환경 전문가와 과학자들의 환원주의적인 접근에 힘이 빠진다고 느끼셨습니까? … '그렇다'고 답하셨다면, 여기에 '어스 퍼스트!'가 있습니다. '어스 퍼스트!'는 실질적인 효과를 냅니다. 자연을 보호하기 위한 전위적이고 직접행동을 위주로 하는 우리의 접근법은 실질적인 결과를 이끌어냅니다.[47]

'어스 퍼스트!'는 무정부주의적이고 '회원이 없는' 특성을 자랑스러워하며, 동물권을 옹호하는 채식주의자부터 황야의 사냥 가이드까지, 목청 높이는 전사부터 조심스러운 간디의 추종자까지, 위스키를 마시는 벽지의 평범한 사람부터 사려 깊은 철학자까지, 인간 혐오주의자부터 박애주의자까지 다양한 사람을 포괄한다고 강조한다.[48] 이 단체는 그린피스 식으로 눈길을 끄는 직접행동을 주로 벌인다.

도발적인 직접행동은 그린피스의 트레이드마크다. 1995년 그린피스가 브렌트 스파와 관련해 벌인 직접활동이 특히 유명하다. 브렌트 스파는 북해에 다국적 기업 셸이 소유했던 원유 저장고인데 1995년에 사용 연한이 끝나서 해체해야 했다. 셸은 영국 정부와 합의를 거쳐 브렌트 스파를 대서양으로 끌고 가서 바다에 가라앉히기로 했다. 셸은 이것이 환경을 위한 최적의 선택이라고 주장했고, 몇몇 독립 전문가들도 이를 인정했다. 하지만 시설 내에 유독 물질이 남아 있다는 점을 우려하는 사람들도 있었다.[49] 이러한 우려에 더해 그린피스는 대양이 산업 폐기물을 처리하는 편리한 쓰레기장으로 여겨져서는 안 된다는 윤리적 우려도 제기하고 있었다.

그린피스 활동가들은 브렌트 스파에 잠입해 시설을 점거했다.

하지만 셸의 보안 담당자와 대치를 벌이던 끝에 강제로 쫓겨났다. 그러는 동안 점거 농성이 전 세계 TV에 보도됐고 셸 주유소에 대한 불매운동이 일어났다. 그린피스는 브렌트 스파를 재차 점거하기로 했다. 그 모습은 할리우드 영화의 전투 장면을 방불케 했다. 셸의 담당자들이 날아와 활동가들과 난투극을 벌였다. 결국 국제적인 압력과 평판의 손상을 고려해 셸이 물러섰다. 그린피스의 승리였다.

브렌트 스파는 육지로 견인해 해체했다. 막상 견인해보니 남아 있던 독성 폐기물은 (셸의 주장대로) 그린피스가 말한 것보다 훨씬 적었고, 이는 그린피스의 평판에 해를 끼쳤다. 하지만 셸도 피해를 입었고, NGO 및 대중과의 관계에 대한 정책, 그리고 환경 정책을 대대적으로 재검토하게 됐다.[50]

그 후 NGO가 문제를 제기하는 방식은 더 정교해졌고 물리적인 드잡이에만 국한되지 않는다. 표적 기업의 커뮤니케이션 망을 교란할 수도 있고 투자자, 공급업자, 후원자 등 이해관계자들에게 영향을 미칠 수도 있다. 주주 총회는 기업 정책이나 거버넌스에 대해 비판적인 결의안을 내는 장으로 널리 활용된다. 기업의 소셜 미디어 채널과 홈페이지를 마비시키고 페이스북을 저항의 커뮤니티로 삼기도 한다. 또 유명인들이 NGO의 대의에 동참하면 언론의 관심을 끌 수도 있다.

하지만 전면에서 맞서는 것보다 뒤에서 영향을 미치는 것을 선호하는 NGO도 많다. 1970년대에 랠프 네이더(Ralph Nader)가 창립한 소비자 권리 단체 퍼블릭 시티즌(Public Citizen)은 '권력의 장에서 모든 시민이 대표되게 하는 것'을 목표로 한다.[51] 이 단체는 건강, 환경 보호 등 여러 이슈에 대해 정부에 로비와 청원을 한다. 코프워치(CorpWatch)는 기업의 윤리적 행동을 조사하고 그 내용을 웹사이트와 논문으로 펴낸다. 이 단체는 1990년대에 나이키 제품을 만드는 베트남 공장 노동자들의 열악한 여건을 드러낸 것으로 잘 알려져 있다. 글로벌 위트니스(Global Witness)는 '자원의 저주' 문제를 다룬다. 자원의 저주는 정부와 기업이 분쟁, 부패, 인권 침해를 일으키는 방식으로 자연 자원을 착취하는 것을 의미한다. 글로벌 위트니스는 심층 조사와 사례 연구 등을 통해 정책 개선을 요구한다.

오늘날 기업이나 정부가 책무를 다하도록 만들기 위해 노력하는 시민 활동가들은 커다란 네트워크를 구성하고 있으며, 이 네트워크는 점점 더 성장하고 있다. 사회의 불의가 더 명백해지고 경제 체제가 모두에게 공정한 방식으로 기능하는 데 여전히 실패하고 있기 때문이다. 독특하고 특이한 단체부터 전통적이며 고도로 전문화된 단체까지, 사회적 압력 단체들은 다원적 사회와 민주적 책무성에 근간이 돼왔다. 우리가 그들의 목적과 방법론에 모두 동의할 필요는 없지만, 그들이 없다면 훨씬 더 빈약한 사회에 살게 되리라는 점은 분명하다.

비난에 대처하는
거대 기업의 꼼수

기업들은 흔히 훌륭한 대의명분을 내세운 활동에 자사 이름을 가져다 붙이거나 NGO 활동에 참여함으로써 사회적 책임에 대한 좋은 이미지를 쌓는다. 예술, 스포츠, 대학 및 연구 기관 지원 등이 대표적인 예다. 그들은 주도면밀한 자금 분배를 통해 적대적인 대중의 시선을 다른 곳으로 돌리고 비판을 완화한다.

기업 홍보는
어떻게 작동하는가

1999년에 뉴질랜드는 뉴질랜드 판 위키리크스 상황에 직면했다. 기업이 활동가들에게 맞서기 위해 벌인 술수의 이면이 날것으로 공개된 것이다.

이 일은 웨스트코스트 지역 열대 우림의 벌목 사업과 관련이 있었다. 이 우림은 공공 소유였고 주 정부의 목재 회사인 팀버랜즈 웨스트코스트가 관리하고 있었다. 팀버랜즈 웨스트코스트의 공식 선언문에 따르면 벌목 대상 지역은 매우 엄정한 선별 과정을 거쳐 결정되고 생태 피해를 최소화하는 방식으로만 벌목이 이뤄진다고 돼 있었다. 하지만 환경운동가들이 주축이 된 '원시림 행동위원회(Native Forest Action Committee)'는 그렇지 않다고 지적했다. 이들은 팀버랜즈 웨스트코스트의 벌목이 불필요하거나 부적절하게 이뤄지고 있고, 원시림이 파괴되고 있으며, 수많은 야생 생물이 사는 서식지를 보호해야 한다고 주장했다. 활동가들은 우림에서의 직접 행동과 팀버랜즈 웨스트코스트에 반대하는 그래피티 등으로 목소리를 냈고, 지역 신문도 이를 포착해 팀버랜즈 웨스트코스트를 비난하는 기사를 실었다. 팀버랜즈 웨스트코스트는 여론 전쟁에서 지게 될까 봐 홍보 회사 네 곳을 고용해 비난에 맞서는 활동을 시작했다. 세 곳은 현지 회사였고 하나는 글로벌 기업인 샌드윅(현재는 웨버 샌드윅)이었다.

이쯤에서 이 일에 대한 관심은 사그라들 수도 있었을 것이다. 팀버랜즈 웨스트코스트의 내부 고발자가 홍보 방식에 우려를 제기하며 자료를 공개하지 않았더라면 말이다. 이 내부 고발자는 두꺼운 비밀문서를 기자에게 넘겼고, 이 내용을 바탕으로 니키 헤이거(Nicky Hager)와 밥 버턴(Bob Burton)이 《비밀과 거짓말(Secrets and Lies)》을 펴냈다.[1] 288쪽 분량의 이 책은 탄탄한 취재, 공개된 기밀 자료, 정보공개법을 통해 확보한 증거 등을 바탕으로, 팀버랜즈 웨스트코스트 경영진이 '환경 단체, 의회, 환경 과학자들의 비판을 무마시키기 위해 비판자 개개인에 대한 정보를 수집하고, 자연보호 회의에 홍보 직원을 몰래 보내며, 환경 단체에 거짓으로 접근해 정보를 캐는' 활동을 했음을 드러냈다.[2] 그 외에 다음과 같은 활동도 한 것으로 알려졌다.

샌드윅은 팀버랜즈 웨스트코스트에 대해 비판적인 기사를 쓰는 기자

들에게 항의하기 위해 언론사 편집국장에게 보낼 팀버랜즈 웨스트코스트 지지 서신을 작성했다.[3]

샌드윅은 팀버랜즈 웨스트코스트 비판자들을 흠집낼 '먼지'를 찾으려 했고, 바디샵의 아니타 로딕(Anita Roddick) 같은 친환경을 대표하는 유명인들을 표적으로 삼았다.[4]

샌드윅은 '독립적인' 벌목 지지 단체를 만들어서 활동가들의 주장을 반박했다.[5]

팀버랜즈 웨스트코스트 직원들은 경찰이나 정보기관들이 하듯이 벌목 반대자들의 사진을 체증하고 동영상을 촬영해서 샌드윅에 보냈다. 자신들이 '맞닥뜨린 상대를 샌드윅에 알리기' 위해서였다.[6]

팀버랜즈 웨스트코스트 변호사들은 벌목을 방해하는 사람들에게 법적 경고문을 발송해 막대한 벌금을 물게 될 것이라고 위협했다.[7]

헤이거와 버턴에 따르면, 샌드윅은 점점 다급해진 듯이 보였다. 학생들이 팀버랜즈의 벌목에 반대해 의회 앞에서 시위에 참여하자 샌드윅은 교장선생님들에게 보낼 항의서한을 작성하기도 했다.[8] 이토록 팀버랜즈가 갖은 수를 썼는데도 벌목 반대 운동은 계속됐고 우림을 보호해야 한다는 목소리는 더 높아졌다. 그러던 중 목재를 매달고 가던 벌목 헬기가 활동가들이 나무 위에 세워둔 플랫폼을 부순 것이 기사화되면서 여론이 더 악화됐다. 시위 참가자 한 명이 플랫폼에 막 올라가려던 참이었는데 플랫폼이 무너지는 바람에 완전히 공포에 질리고 말았다.[9]

결국 이 일은 샌드윅의 평판에 악영향을 미치고 마무리됐다. 홍보업계의 자체 감시 기구인 호주 홍보협회는 샌드윅의 홍보 활동이 적절했는지에 대해 조사를 벌였으며,[10] 뉴질랜드의 새 내각은 팀버랜즈 웨스트코스트의 벌목 계획을 반려했다. 마침내 웨스트코스트 지역의 모든 원시림 벌목이 중단됐고 2008년 팀버랜즈 웨스트코스트는 문을 닫았다.

팀버랜즈 웨스트코스트와 샌드윅의 사례는 자금력이 강한 고객사의 명령하에서 홍보가 어떤 식으로 작동하는지, 또 홍보업계가 어떤 수단을 사용(그리고 남용)하는지 보여준다. 홍보는 기업이 원하는 이미지를 사회에 투사하고 적대적 비판으로부터 기업 스스로를 방어하는 강력한 수단이다. 모든 홍보 활동이 샌드윅 같은 문제를 안고 있는 것은 아니다. 그래도 홍보업계는 이런 사건을 염두에 두면서 홍보 활동의 핵심은 그런 게 아니라 '공정성'과 '개방성'이라는 점을 대중에게 알리기 위해 애를 쓴다.[11] 큰 기업은 대개 홍보 전문가를 두고 있으며 '위험 관리'와 '평판 회복'도 이들의 업무다.

기업에 헌신하는
전위 단체

　홍보의 뿌리는 1950년대에 에드워드 루이스 버네이즈(Edward Louis Bernays)가 개척한 활동에서 기원을 찾을 수 있다. 버네이즈는 '지능적인 조작'이 민주 사회의 핵심 요소라고 생각했으며,[12] '전위 단체(front group)'를 활용해서 그 길을 닦았다. 전위 단체란 자신에게 자금을 대는 기업의 이익 증진을 도모하고 그 기업에 대한 비판에 대응하는 데 전적으로 헌신하는 기관을 말한다. 버네이즈는 록펠러와 카네기가 세운 것을 합한 것보다도 많은 기관과 재단을 세운 것으로 알려져 있다. 모두 고객사의 목적에 부합하는 정보를 언론에 보도하기 위한 것이었다.[13] 이를 테면, 그는 의회가 고속도로 건설에 예산을 늘리게 하려던 트럭업계를 위해 미국 트럭업계가 '트럭 정보 서비스' '트럭 서비스 사무국' '고속도로 교통 증진을 통한 삶의 질 향상' 같은 전위 단체들을 세웠다.

기업은 의회, 언론, 소비자에게 영향을 미치기 위해 전위 단체를 만든다. 전위 단체는 언론에 보도될 만한 내용과 '획기적인 새소식'을 담은 동영상 클립 등을 만들고 전문가의 권위가 실린 것처럼 보이는 제목을 붙여 기자들에게 수시로 제공한다. 전위 단체 대변인들은 토크쇼에 출연하고, 콘퍼런스를 열고, 뉴스레터를 만든다. '미디어 민주주의 센터(Center for Media and Democracy)'에 따르면 2013년 기준으로 적어도 190개의 전위 단체가 북미, 유럽, 영국, 호주에서 활동하고 있다.[14]

전위 단체를 독립적인 연구 기관과 구별하기는 쉽지 않다. 이런저런 감투와 직책, 명칭 등이 붙어 있어서 권위 있고 해당 사안과 이해관계가 없는 곳이라는 인상을 주기 때문이다. 그래서 이들은 독립된 전문가처럼 보이고 때로는 풀뿌리 목소리를 내는 곳처럼 보이기도 한다. 이런 식으로 가짜 목소리를 내는 활동을 인조 잔디 브랜드 '애스트로터프'에서 따와 '애스트로터핑(astroturfing)'이라고 부른다. 허위정보라도 이해관계가 엮이지 않은 것 같아 보이는 곳에서 나오면 속아 넘어가기가 쉽다. 하지만 전위 단체를 구별해내기가 불가능한 것만은 아니다. 구체적인 이름 없이 '저명한 전문가'를 자주 인용한다든지, 자금 출처를 밝히지 않으려 한다든지, 더 대담하게는 단체명과 그 단체가 실제로 하는 일이 맞아떨어지지 않는다든지 하는 식으로 의심스러운 실마리를 보이는 경우가 종종 있기 때문이다.

전위 단체는 매우 다양하고 활동 영역도 넓다.

'프로텍트 더 하비스트'는 '미국의 가정과 농민, 사냥꾼과 동물 소유자들을 급진적인 동물권 운동이 제기하는 위협으로부터 보호하는 것'이 목적이라고 밝히고 있다. 이곳은 미국의 '루카스 캐틀'과 '루카스 오일 컴퍼니'가 돈을 댄다.[15]

'에너지 인 뎁스'는 수십억 달러 규모의 석유 및 가스업계가 만든 곳이다. 셰일 가스 시추와 수압 균열법 등에 대한 '연구'와 '사실 정보 보고서'를 제공하고 규제에 반대하는 논의도 펼친다.[16]

국제식품정보위원회는 보건 전문가, 당국자, 교육자, 기자, 소비자들과 '식품 안전 및 영양에 대해 과학적인 정보를 효과적으로 소통하는 것'을 임무로 삼고 있다고 한다.[17] 자금원은 크래프트, 맥도날드, 네슬레, 몬산토, 듀폰 등 식품, 농약, 바이오테크 기업들이다.[18]

'와이즈 유즈'는 환경 보호 사안, 특히 공공 토지를 광산업과 에너지 사업에 개방하는 것에 대해 자유 시장적 접근을 옹호하는 활동을 벌인다. 그러한 공공 토지 중에는 알래스카의 '북극권 국립 야생 보호구역'도 포함된다.[19] 자원 채굴업계가 주요 자금원이다.[20]

'소비자 자유 센터'는 시민적 자유라는 기치를 내걸고 '소비자의 선택을 보호한다'고 밝히고 있다. 주요 자금원은 식품 회사지만, 이 단체는 정확한 자금원을 공개하지 않으려 한다. '활동가들의 폭력적이고 공격적인 형태의 저항을 고려해서'라고 한다.[21] 이 단체는 '시장 자유' 프로젝트를 진행하는데, 가령 '액티비스트캐시닷컴'은 NGO의 '급진적인 어젠다'에 맞서는 활동을 한다. 예를 들어 애드버스터스에 대해서는 다음과 같이 반박한다. '맥도날드, 나이키, 크래프트가 없다고 생각해보십시오. 돈과 시간에 쪼들리는 많은 사람들이 끼니를 해결할 수 없게 될 것입니다. 거의 모두가 운전을 하지 못하게 될 것입니다. 텔레비전이 사라지게 될 것입니다. 암울하게 들리십니까? 이것이 애드버스터스 미디어 재단이 말하는 유토피아입니다."[22]

비난에 잘못 대처해
큰코다친 나이키

팀버랜즈 웨스트코스트 사례가 보여주듯이 활동가들을 무력화 시키는 것도 홍보 활동의 일부다. 이와 관련한 실무 지침서도 나와 있다. 드니즈 디건(Denise Deegan)의《활동가 다루기(Managing Activism)》라든지 키버 실버스미스(Keva Silversmith)의《활동가 집단에 대한 홍보 가이드(A PR Guide to Activist Groups)》등이 그런 사례다.[23] 이 책들은 사회 운동계 '내부 이야기들'과 각 유형별 활동가들에 대한 대응 전략을 제공한다고 자처한다. '적을 알라' '활동가처럼 생각하라' '적대적 집단을 다루는 법' '소셜 미디어의 공격에 효과적으로 대응하기' '언제 싸울 것인가'와 같이, 이런 책의 언어는 종종 호전적이다. 이들 지침서는 '적'이 '불합리'하거나 '감정적'이더라도 무시해버려서는 안 되며 냉철하게 평가해야 한다고 조언한다. 디건은 이를 무시했다가 큰코다친 사례로 나이키를 든다.

홍보 세계에서 나이키는 기업이 활동가를 어떻게 다루면 안 되는지를 보여주는 교과서적 사례다. 1996년에 나이키는 활동가들의 표적이 됐다. 아시아의 노동 착취적 공장에서 제품을 만들도록 공급망을 운영하면서 노동자들을 제대로 처우하지 않는다는 비판이 제기된 것이다. 비판에 대한 나이키의 전략은 '거리 두기'였다. 자신의 문제가 아니라 아시아 하청업체의 문제이고 하청업체들에 대해 자신은 통제력이 없다는 것이었다. 이런 대응은 비판 운동의 불에 부채질을 한 격이였다. CBS가 나이키 노동자들의 처지와 그들에 대해 책임지지 않는 나이키 경영진의 태도를 다룬 다큐멘터리를 방영하면서 저항은 한층 더 달아올랐다.

곧 다른 언론사들도 이 문제를 다뤘고 나이키의 인권 침해에 대한 비난은 최고조에 올랐다. 나이키는 홍보의 화력을 강화해 보도 자료를 뿌려대고, 광고와 소책자 등에서 나이키 제품의 생산 과정은 모두 합법적이며 공정하다고 주장했다. 하지만 이런 주장은 의구심만 키웠다. 비판과 사회적 압력이 2년이나 지속되자 나이키는 결국 전략을 바꿔서 협력 업체의 책무를 강화하고 미국에서의 노동 여건 기준이 해외 하청업체에도 동일하게 적용되도록 하겠다고 약속했다.

스파이를
침투시키다

공식적으로 말하면 홍보의 역할은 제품, 서비스, 프로젝트 등을 정직하게, 그리고 되도록 대중에게 좋게 여겨지도록 내보이는 것이다. 하지만 비공식적으로 말하자면, 홍보 효과는 비판자에 대한 정보를 은밀히 획득해서 그것으로 역조종을 함으로써 달성할 수도 있다.

비밀리에 이뤄지는 홍보가 어느 정도인지를 판단하기는 어렵다. 기업의 연차 보고서에 나올 리도 없고, 유능한 첩자라면 들키지 않을 테니 말이다. 간혹 팀버랜즈 웨스트코스트 사례처럼 드러나는 경우가 있는데, 이는 이런 일이 실제로는 훨씬 더 많으리라는 점을 시사한다.

드러난 또 다른 사례로 카라 셰퍼(Cara Shaffer)의 사례를 들 수 있다. 2007년에 셰퍼는 학생인 척하고서 플로리다 주의 '학생-농민 연합'이라는 단체에 접근했다. 플로리다 주에서 버거킹 등 패스트 푸드업체로 납품할 토마토를 수확하는 이주 노동자들이 공정한 처우를 받을 수 있도록 운동을 벌이는 단체였는데, 셰퍼는 이 활동에 열정적으로 관심을 보였다.[24] 그런데 활동 계획을 짜는 회의에서 너무나 집요하게 질문을 하는 바람에 의심을 샀다. 단체는 셰퍼에 대해 조사했고, 알고 보니 셰퍼는 버거킹이 '자사의 직원과 자산을 잠재적 위험으로부터 보호하기 위해' 고용한 민간 보안업체의 소유주였다.[25] 셰퍼가 노출된 시점은 인터넷에서 학생-농민 연합을 겨냥한 비방 캠페인이 벌어진 시점과 일치했다. 이 캠페인도 버거킹이 벌인 일로 알려져 있었다. 이 일이 널리 보도되자 버거킹은 캠페인을 철회했고 몇몇 사람이 해고됐으며 내부 조사가 진행됐다.[26]

세 번째 사례는 다우 케미칼이다. 제4장에서 설명했듯이, 문화 방해 활동가 '예스맨'이 다우 케미칼 대변인을 사칭하고 방송에 출연해 인도 보팔 참사 피해자들에게 다우 케미칼이 완전한 보상을 하기로 했다고 거짓 인터뷰를 한 적이 있다. 위키리크스가 폭로한 이메일에 따르면, 그 이후에 다우 케미칼은 '글로벌 정보 회사'를 고용해서 예스맨의 활동을 모조리 감시했다.[27]

경쟁이 점점 치열해지고 편집광적인 면모를 보이는 글로벌 경제에서 민간 감시업계가 유망 분야로 떠오르고 있다. 한 홍보 및 정보업체 경영자는 '때로는 스파이가 기업이 처한 문제를 풀 수 있는 유일한 사람'이라고 말했다. 그리고 이들은 이 업계에서 4분의 1 정도를 차지한다.[28] 존 스타우버(John Stauber)와 셸던 램튼(Sheldon Rampton)은 이런 기업 대다수가 겉으로는 일상적인 영업을 하는 것처럼 꾸미고 있다며 다음과 같이 설명했다.

홍보 첩자와의 대화가 어떤 식일지 궁금했던 적이 있는가? 현장에서 활동하는 첩자는… 일반적으로 예의 바르고, 눈에 잘 띄지 않으며, 정보를 캐야 하는 대상자에게 공감하는 것처럼 보이기 위해 최선을 다한다. 그들은 자신을 거짓으로 소개한다. 기자라고 하기도 하고, 친구의 친구라고 하기도 하고, 사회 변화를 지지하는 사람이라고도 한다. 하지만 대개는 자신에 대해 매우 제한된 정보만 준다. 자신이 속한 회사는 이니셜로만 이야기하고, 회사의 업종은 '리서치 그룹'이며, 하는 일은 '기업의 의사 결정자들이… 대중의 관심이 어떻게 움직이고 있는지를 더 잘 파악하게 해 논쟁적인 공공 정책 사안을 더 균형 있고 사회적 책임을 다하는 방식으로 풀 수 있도록 돕는 연구'를 한다는 식의 화법을 동원한다.[29]

기업이
비난에 대처하는 방식

'기업의 사회적 책임'은 비난에 대처하는 또 다른 방식이다. 기업은 사회적 책임 정책을 마련해서 기업에 대해 제기될 수 있는 비판을 사전에 꺾고자 한다. 오늘날 주요 기업 중에 사회적 책임을 이야기하지 않는 곳은 없다. 모두가 자신이 이해 당사자들과 소통하고, 더 깨끗하고 지속 가능한 환경에 기여하며, 법으로 정해진 의무 사항보다 높은 수준의 윤리 규정을 지키고 있노라고 말한다.

1990년대 이래로 많은 기업이 이를 '3대 축(three bottom lines: 경제적, 사회적, 환경적 축)'이라는 개념으로 표현해왔다. 전통적인 핵심 축, 즉 기업의 '수익'은 두 개의 다른 축과 동일한 중요성을 가진 것으로 취급돼야 한다는 개념이다. 그 두 개의 축은 '사람'을 돌보는 것과 '환경'을 돌보는 것이다.[30] 자사의 평판을 여기에 거는 기업도 있다. '막스 앤 스펜서'는 2007년에 친환경적이고 지속 가능한 비즈니스를 위한 사업 방안으로 '플랜 B가 없는 플랜 A'라는 사회적 책임 정책을 내놨다. 한편 유럽환경감사기구(European Eco-Management and Audit Scheme, EMAS), 국제표준화기구(International Organization for Standardization), 세계공정무역기구(World Fair Trade Organization), 글로벌 리포팅 이니셔티브(Global Reporting Initiative) 같은 제3자 인증 기관은 기업이 사회적 책임을 실제로 다하고 있는지 확인하는 역할을 한다. 이런 기관은 해당 분야의 사회적 책임성을 평가하는 기준을 가지고 있으며, 기업은 수수료를 내고 평가와 인증을 받는다.

사회적 책임을 얼마나 잘 달성했는지를 기준으로 기업의 순위를 매기는 곳도 있다. 기업의 종류가 다양한 데다, 입수 가능한 정보의 차이가 크고, 평가 기준도 혼재돼 있어서 쉬운 작업은 아니다. 캐나다 리서치 회사 코퍼레이트 나이츠(Corporate Knights)가 매년 펴내는 기업 순위가 비교적 엄정한 평가로 정평이 나 있다. 이곳은 주요 사회적 지표와 지속 가능성 지표를 기준으로 기업을 평가하는데, 에너지 사용 방식, 탄소 배출, 물 보존, 직원들이 '깨끗한 자본주의'를 추구하게 하는 인센티브 등이 평가 기준에 포함된다.[31]

2012년의 결과를 보면 북유럽과 영국 기업들이 미국 기업들보다 순위가 높았다. 1위는 덴마크 제약업체 노보 노디스크(Novo Nordisk)로, 지속 가능성 개념이 일터 문화에 깊이 뿌리내리고 있다는 평가를 받았다. 반면 실제로 사회적 책임을 실천하기보다는 이미지 관리용으로만 활용하는 기업들이 하위를 차지했다.

일단 어느 기업이 사회적 책임의 기치를 올리면 그 실천에 대한 대중의 기대치도 올라가게 된다. 사회적 책임은 양날의 검이다. 진정성 있게 수행하면 칭찬을 받지만 말뿐인 것으로 판명 나면 조롱을 산다. 글로벌 석유 회사 BP는 《우리의 규범: 우리는 이렇게 믿습니다》라는 책자에서 아래와 같이 선언했다.

우리는 우리가 사업을 영위하는 모든 곳에서 긍정적인 변화를 만들고자 합니다. 우리는 가장 높은 윤리적 기준을 지키며 우리가 활동하는 지역에서 공동체의 신뢰를 얻을 수 있는 방식으로 행동하고자 합니다. 우리는 지역 공동체와, 그리고 우리가 기업으로서 하는 일에 정당한 관심을 가지고 있는 NGO들과 정직하고 열린 관계를 맺어나가고자 합니다. 우리는 지역 공동체의 권리와 존엄을 존중하며 NGO 등 우리와 상호작용하는 기관을 존중합니다.[32]

2010년 4월의 사고로 이 선언은 시험대에 올랐다. BP의 심해 석유 시추선 딥워터 호라이즌호가 폭발해 노동자 11명이 숨지고 미국 역사상 최악의 해양 석유 누출이 발생했다. 7억 6000만 리터의 원유가 누출되고 멕시코 만 해안 1600킬로미터가 오염됐다. 어민과 지역 경제가 막대한 타격을 입었다. BP는 안전 절차가 느슨했고 안전이나 환경보다 이윤을 앞세웠다고 비난받으면서 평판이

급전직하했다. 여기에 CEO가 다음과 같이 실언에 가까운 사과를 하면서 상황을 더 악화시켰다. "우리는 이 사고가 일으킨 막대한 피해에 대해 유감스럽게 생각합니다. 이 사태가 마무리되기를 나보다 더 많이 바라는 사람은 없을 것입니다. 정상적인 내 삶을 되찾고 싶습니다."

포드는 2005년에 '지속 가능성 연차 보고서'에서 2010년까지 25만 대의 하이브리드 자동차를 생산하겠다고 선언해 환경주의자들에게 크게 환영받았지만 2006년 중반에 이 약속을 저버렸다. 사업상으로 볼 때 기대했던 것보다 좋지 않은 투자로 판단됐기 때문이다. 이에 환경 단체들은 신랄한 비판을 쏟아냈다. 이들은 전면 광고를 내고 포드가 대안적인 연료 경제에 대해 했던 약속을 깨뜨렸다고 비난했다. 이 광고의 문구 중 하나는 다음과 같았다. "포드는 지금도 미국에서 휘발유를 가장 많이 소비하는 차를 만듭니다. 환경 운운한 빌 포드의 약속을 믿지(buy) 마십시오. 그의 차를 사지(buy) 마십시오."[33]

이미지 메이킹에
사활을 건 기업들

무기, 담배, 정크푸드를 제조하거나 우림을 파괴하는 기업, 저인 망선을 이용하는 남획 업체 등은 자사가 사회적 책임에 신경 쓴다는 것에 대해 비판자와 대중을 설득하는 데 어려움을 겪어왔다. 놀랄 일도 아니지만, 이런 기업의 사회적 책임 선언문은 대개 모호하며 그들의 사업이 일으키는 영향에 대해 정작 중요한 내용은 많이 빠져 있다. 가령 담배 회사 브리티시아메리칸 타바코는 '소비자의 선택'이라며 건강 문제를 회피한다. 그러면서 자사처럼 책임성을 다하는 기업이 소비자의 선택에 대한 욕구를 충족시키는 것이 더 바람직하다고 주장한다. 담배에 대한 수요를 만들어내기 위해 벌이고 있는 마케팅 활동에 대해서는 이야기하지 않으면서 말이다.[34]

하지만 사회적으로 문제가 되는 기업들이 책임감 있는 기업 이미지를 만들어낼 수단이 아예 없는 것은 아니다. NGO 활동 등 좋은 일이라고 흔히 여겨지는 활동에 자사 이름을 갖다 붙임으로써 자신들이 실제로 하고 있는 일에서 사람들의 관심을 돌릴 수 있다. 대체물을 통해 점수를 따는 것이라고도 볼 수 있다. 그런 활동에 주도면밀하게 돈을 써서 미심쩍어하거나 적대적인 대중의 태도를 완화할 수 있다면, 기업이나 업계를 비판하는 목소리가 대중에게 다가가기 어려워질 것이고, 따라서 비판 활동에 힘이 실리기도 어려워질 것이다. 대표적인 사례로는 다음과 같은 것이 있다.

20세기 말 미국 담배 회사들은 2700개의 프로그램과 행사를 후원했다. AIDS 인식 개선, 예술 행사, 소수자에 대한 교육 등이 포함돼 있었으며 약 3억 600만 달러가 들었다.[35] 또 유럽과 미국에서 법으로 금지되기 전에는 담배 브랜드 이름을 건 자동차 경주, 포켓볼 시합, 테니스 경기, 럭비 경기 등이 흔했다.

이탈리아의 무기 제조업체 핀메카니카는 2011년에 런던 국립미술관의 후원 기업이 됐다. 하지만 예술가들과 활동가들의 저항이 이어지자 1년 뒤 후원을 중단했다.[36]

미국의 무기 제조업체들은 2005년에서 2012년 사이 전국총기협회에 약 4000만 달러를 지원했다.[37] 미국인 중 절반은 전국총기협회가 좋은 단체라고 생각한다.

예술, 스포츠, 건강 관련 자선 단체가 이런 활동의 일반적인 수혜자이고, 대학과 독립 연구 기관들도 이런 후원을 종종 받는다.[38]

런던 위생열대의대 이안 로버츠(Ian Roberts) 교수는 기업 후원의 미시 정치를 경험한 사례를 한 저널에서 이렇게 소개했다.[39] 그는 건강과 기후변화를 주제로 열린 세계보건기구(WHO) 회의에서 코카콜라 경영진과 대화를 나누게 됐다. 코카콜라는 사람들의 신체적 활동을 높이는 법에 대한 연구에 후원하고자 하면서 그 연구를 로버츠에게 맡기고 싶어 했다. 로버츠가 관심을 보였을까?

로버츠는 이렇게 설명했다. "에너지가 꽉꽉 들어찬 음료를 파는 기업이 사람의 에너지 투입-발산 등식에서 발산 쪽에 관심을 갖는 것은 놀라운 일이 아니다. 비만의 원인으로 330밀리리터들이 코카콜라 캔에 들어 있는 35그램의 설탕을 비난하는 것보다는 자전거 도로가 마련되지 않은 것을 비난하는 게 더 쉬우니 말이다." 그는 코카콜라의 제안에 대해 다른 프로젝트를 역제안했다. 코카콜라의 도로 물류망에서 발생하는 교통사고로 인한 사망과 부상, 그리고 여기에 쓰이는 화석연료가 기후에 미치는 영향을 연구하겠다고 한 것이다. 물론 로버츠는 코카콜라로부터 더 이상의 연락을 받지 못했다. "코카콜라는 '기업이 후원하는 연구'라는, 쉽게 딸 수 있는 과일을 따려 애쓰는 대학을 금세 찾을 수 있었을 것이다. 하지만 내 경험이 무언가 알려주는 바가 있다면, 그런 과일은 가능한 한 따지 않아야 한다는 점일 것이다."

로버츠의 경험이 보여주듯이 때로 '시장'은 스스로를 사회적 책임에 적대적인 것이 아니라 사회적 책임에 기여하는 요소로 자리매김하고자 한다. 기업 활동으로 큰 수익을 낸 다음에 그 수익이 바람직한 대의명분으로 흘러들어가게 만든다는 논리다. 매우 부유한 일부 기업가들, 가령 마이크로소프트의 빌 게이츠(Bill Gates)나 금융 투자자 조지 소로스(George Soros), 또 구글의 창립자들도 이런 접근을 취해왔다. 그들은 세계가 직면한 여러 문제에 대해 긍정적인 일을 하는 윤리적인 사람들로 여겨진다. 또 코카콜라, 스타벅스, 코스타 커피 등도 우리가 그들의 매장에서 음료를 살 때 대의명분에 대한 지분도 같이 사는 것처럼 느낄 수 있도록 '윤리적인' 원료 공급망을 추가했다.

이러한 기업 활동에 대해 비판자들은 의견이 갈린다. 어떤 이들은 이것이 최선의 자본주의를 보여주는 것이라고 본다. 하지만 어떤 이들은 근본적으로 결함이 있는 시스템을 '녹색 세탁(green washing)'하는 데 일조하는 것에 불과하다고 본다. 이를테면 철학자 슬라보예 지젝(Slavoje Žižek)은 착취와 피해가 그 착취와 피해를 통해 만들어진 부로 땜질되는 것은 시장 시스템이라는 근본 문제를 영속화하는 것과 마찬가지라며 시장 시스템은 다른 것으로 대체돼야 한다고 주장한다.[40]

기업, 어제의 적과
친구가 되다

    전략적 파트너십, 부문 간 파트너십, 사회적 연합, 부문 간 대화…. 기업과 비영리기구 사이의 협업적 관계를 묘사할 때 쓰이는 말이다. 기업과 비영리기구의 관계는 상호 비난에서 실용적인 상호 인정으로 양상이 바뀌고 있다. 기업은 방어적인 이유에서 비영리기구와의 파트너십에 참여할 수도 있고 선제적인 이유에서 참여할 수도 있다. 전자는 적대적인 여론에 대한 반응으로 시도하는 경우고, 후자는 부족한 전문성을 NGO가 메워줄 수 있다고 판단해 시도하는 경우다. 실제로 개발도상국에서는 NGO들이 현지의 필요 사항에 대해 정보를 제공할 수 있는 유일한 원천인 경우가 많다. 이를테면 개발도상국에 대부금을 제공하는 국제 금융 기관인 세계은행은 NGO가 가진 정보와 지식을 구하려 하면서 국제 개발 프로젝트에서 NGO를 지원한다. 제약회사도 개발도상국에 약품을 판매할 때 세계보건기구나 국경없는의사회 등과 파트너십을 맺어서 약을 누구에게 어떤 방식으로 유통할지 결정하곤 한다.

기업은 장기적인 사업 계획을 짤 때 풀뿌리 NGO와의 파트너십을 통해 현지 사회의 변화에 대한 새로운 시각을 얻을 수 있다. 또 현지의 문제를 해결하는 데 도움을 얻을 수도 있다. 콩고민주공화국 카탕가의 광산 회사들은 자신의 영업 지역에 영세 불법 채굴인들이 들어와 광물을 캐는 문제를 겪곤 한다. 이들은 주로 불안정한 지하 굴에서 손으로 광물을 파서 살아가는 여성과 아이들이다. 이는 건강에 매우 해로우며 적절한 규제도 없다. 광산 기업들은 이들을 쫓아내기보다는 이러한 노동자들에게 대안을 마련해 주고자 하는 현지 NGO와의 파트너십을 통해 기술 훈련, 소규모 창업을 위한 소액 신용 대출 등을 제공한다.[41]

기업과 NGO의 파트너십은 갈등과 비난이 위주인 관계에 대한 대안으로서 중요하다. 하지만 과도하게 이상화해서는 안 된다. 파트너십을 맺었다고 해서 주도권과 통제력을 둘러싼 싸움이 없어지는 것은 아니다. 기업의 입장에서 어떤 파트너십은 다른 파트너십보다 다루기 쉽다. 특히 어느 정도 거리를 두고 있는 경우에 그렇다. 기본적인 규칙을 기업 측이 정하기가 더 쉽기 때문이다. 그런데 기업과 NGO가 가까운 경우에도 기업이 큰 통제력을 가질 수 있다. 기업이 옛 비판자들의 급진성을 제거하고 미래의 비판을 사전에 꺾는 식으로 NGO들을 포획하는 데 파트너십을 활용할 수도 있다.

부도덕한 정부를 향해 비난의 목소리를 높여라

공공기관, 공무원, 정부 인사 등은 세금으로 무슨 일을 하는지 공개하고 그들의 결정과 행위가 타당함을 설명할 책임을 지고 있다. 그리고 이것이 제대로 이뤄지지 않을 때 국민은 그들을 비난하고 책임을 물을 권리와 의무가 있다. 도덕적인 정부는 국민의 손과 눈과 입으로 만들고 지켜낼 수 있다.

정부의
비난 회피 전략

　일반적으로 민간 기업은 비난을 받으면 자신과 주주의 이해를 지키는 방향으로 대응을 한다. 하지만 공공 기관은 '공공'이라는 이름이 암시하듯이 더 광범위한 기반을 신경 써야 한다. 공공 기관, 공무원, 정부 인사 등은 세금으로 무슨 일을 하는지 공개하고 그들의 결정과 행위가 타당함을 설명하도록 요구받는다. 이는 누구에게 공이 있고 과가 있는지, 누가 무엇에 대해 책임이 있는지를 분명히 하고, 잘못이 있을 경우 제재가 이뤄지게 한다. 이러한 설명 책임은 현대 민주주의에서 거버넌스의 핵심 요소다.

　공공 부문의 규모와 범위는 나라마다 다르며 각국의 역사와 이념을 반영한다. 덴마크와 노르웨이는 공공 부문 종사자가 전체 노동력에서 30퍼센트를 차지할 정도로 공공 부문의 규모가 크다. 한국과 일본은 2013년 기준 6퍼센트 정도로 규모가 작은 편이다. 미국과 영국은 중간쯤으로, 각각 16퍼센트와 19퍼센트다.[1] 보건, 노인 복지, 국방, 검역, 수감, 외교, 교통, 교육, 에너지, 난민, 사회보장, 조세 등 수많은 기능이 공공 자금으로 이뤄진다. 어떤 기능은 민간에 아웃소싱돼 설명 책임의 경계가 흐려지기도 한다.

정부는 통제하기 어려울 정도로 비대해질 때, 관료적 규칙에만 집착할 때, 폐쇄적이고 일의 진행을 방해할 때, 정책이 상황을 악화시킬 때와 같은 경우에 비난을 받는다. 정당 정치의 게임 판에서 상대에 대한 비난거리는 유용한 탄약이 되며, 이럴 때 비난은 흔히 과장된다. 정부는 평판을 지키기 위해 (특히 자신의 통제를 벗어난 문제에 대한 평판을 지키기 위해) 여러 가지 비난 회피 전략을 사용한다.

정치인들은 '부정적 편향성(negative bias)' 때문에 어려움에 직면하곤 한다. 유권자들은 자신이 특정 정치인이나 정당 때문에 잃은 것을 얻은 것보다 훨씬 잘 기억하는 경향이 있으며 이는 뇌리에 박혀 투표할 때 영향을 미친다. 그러므로 정치인 입장에서는 자신이 잘한 일에만 집중하는 것은 현명한 일이 아니다. 어떤 정책이나 행위가 불러일으킨 단점을 완화하는 것도 그에 못지않게 중요하다. 프라이부르크 대학의 게오르크 벤첼부르거(Georg Wenzelburger) 교수는 이를 실험으로 알아봤다.[2] 그는 두 집단의 학생에게 캐나다 정부가 사회복지 지출을 15퍼센트 삭감한다는 내용의 가짜 기사를 보여줬다. 사회복지비 삭감은 표를 많이 잃을 수 있는 비인기 정책이다. 그런데 두 집단에 게시된 기사는 상세 내용이 서로 달랐다. 한 집단에 제시한 기사에서는 복지 지출 삭감을 설명하면서 재정 균형과 경제 성장에 긍정적인 영향을 미칠 것이라고만 언급했다. 다른 집단에 제시한 기사에는 비난을 회피할 수 있는 전략을 추가했다. 가령 '총리는 글로벌 금융 위기 때문에 이런 결정을 할 수밖에 없었다' '야당 및 노조와 상의를 거쳤다' '미래에는 더 적극적으로 부채를 줄일 수 있는 메커니즘을 마련하겠다' 등의 전략이었다. 기사를 읽은 학생들에게 복지 삭감 정책과 캐나다 총리에 대해 어떻게 생각하는지 물은 결과 비난을 회피하는 전략을 쓴 기사를 읽은 학생들이 더 호의적인 태도를 보였다.

벤첼부르거는 정부가 공보 전략에 '비난 회피'를 추가하는 것이 좋을 것이라고 제안했다. 실제로 많은 정부가 그렇게 한다. 정책 실패는 실패가 아니라 예기치 못한 환경이나 야당의 반대, 세계 경제 상황, 완강한 노조, 비효율적인 국가 대리 기관 등의 문제라고 말하는 것이다. 옥스퍼드 대학교의 크리스토퍼 후드(Christopher Hood) 교수에 따르면 이런 것들은 '프레젠테이션 전략'의 사례다. 후드는 이런 전략의 구조를 분석해서 다음의 네 가지로 요약했다. '비판자와 대중의 관심을 돌리라.' '바람이 지나갈 때까지 고개를 숙이고 있으라.' '당신 편인 대중의 마음을 얻을 때까지 입장을 고수하라.' '비판자들이 칼날을 대기 전에 그들을 무장 해제시키라.'[3] 정보를 주물러서 부정적인 것을 긍정적인 것으로, 비난을 신뢰로 바꾸고, 해로운 평판이 최소화되도록 사람들의 해석을 유도하는 것도 이 과정의 일부다. 위기 시에는 '스핀 닥터'의 도움이 필요할 수도 있다. 스핀 닥터란 딱히 거짓말을 하지는 않으면서도 사실 관계를 조작하고 주물러서 이미지를 관리하는 기법에 통달한 홍보 전문가를 말한다. 통계를 선별적으로 사용하거나, 부정적인 면을 암시하는 정보는 빼고 긍정적인 면을 부각하는 술수가 흔히 사용된다. 사안을 모호하게 만들면 사람들이 파고들어가기 어려워지고, 수사적인 말을 활용하면 환영받지 못할 뉴스를 더 부드럽게 만들 수 있다. 이런 화법에는 언어적 수완이 돋보이곤 한다. 전 CIA 국장 데이비드 퍼트레이어스(David Petraeus)는 2013년 3월에 '내가 잡고 있어야 할 정박용 밧줄을 놓친 것(slipping my moorings)'에 대해 사과했는데, 이는 전기 작가와의 불륜 사실을 말한 것이다. 빌 클린턴은 대선 선거 운동 때 마리화나를 피웠다고 인정했지만 '흡입은 하지 않았다'고 얼른 덧붙였다. 취한 상태는 아니었음을 암시하기 위한 것이었다. 힐러리 클린턴은 2008년 보스니아를 방문했을 때 저격수의 총격이 벌어지는 가운데 착륙했다고 말했으나 당시 현장을 촬영한 동영상에서 그렇지 않았다는 것이 드러나자 '언급에 실수가 있었다'고 정정했다. 또 1980년대 이래로 영국 정치인들 사이에서는 '진실을 아껴둔다(being economical with the truth)'라는 말이 거짓말하는 것을 뜻하는 관용구로 쓰인다.[4]

정부는 국민에게
설명 책임을 다하라

    대중에 대한 설명 책임이 있다는 말은 비난받을 가능성이 있다는 말과도 같다. 때로는 그 길이 미로처럼 복잡하다. 의회 내각제에서는 시민들이 자신들이 선출한 의원에게 책임을 양도한다. 의원들은 총리와 각료에게 의사 결정권을 위임한다. 총리와 각료들은 공무원들에게 권한을 위임한다. 공무원들은 다시 특수 기관에 지시를 내리고 권한과 자원을 배분한다. 그리고 이들 특수 기관이 국민에게 공공 서비스를 제공한다. 이와 같은 책무와 비난의 사슬은 '웨스트민스터 의원내각제 모델'로, 영국 및 영연방 국가, 그리고 벨기에, 네덜란드, 독일이 채택하고 있다.

    한편 대통령제에서는 선출직 대통령이 의회와 분리된다. 견제와 균형을 통해 권력 남용을 막기 위한 것이다. 미국에서는 의회가 상하 양원으로 구성돼 있다. 하원이 법안을 통과시키면 상원이

한 번 더 비준한다. 양원을 다 통과해야 대통령이 최종적으로 서명한다. 이론상으로는 민주적 설명 책임을 보장할 수 있는 체제지만, 서로 다른 정당이 양원을 통제하고 있을 때, 혹은 양원의 의견이 다를 때는 정확히 누가 비난받아야 하고 누가 칭찬받아야 하는지 판별하기가 어렵다. '오바마 케어'가 그런 사례였다. 미국의 수백만 저소득층에게 구매 가능한 수준에서 의료보험을 제공하고자 마련한 오바마 케어 법안은 2010년에 하원을 통과했지만 경제적, 이데올로기적 이유로 상원에서 공화당 의원 전부와 일부 민주당 의원들의 반대에 부딪혔다. 정당주의가 날것 그대로 드러나고 신랄한 싸움이 일었으며, '법안을 폐지하라(Kill the Bill)'는 시위 등이 벌어진 와중에, 오바마는 이탈 표를 되돌리기 위해 절박하게 나섰고 다수 표를 얻는 데 가까스로 성공했다.

정부가 책임을 지는
몇 가지 방법

정부가 실제로 처하는 상황은 설명 책임의 구조적 라인과 딱 맞아떨어지지 않는 경우가 많다. 하나의 의사 결정에 여러 사람이 참여하는 경우가 많아서 일이 잘못됐을 때 누가 비난의 부담을 져야 하는지 판별하기가 쉽지 않다. 즉 '많은 손의 문제'가 존재하는 것이다.[5] 정부와 공공 기관의 의사 결정은 오랜 시간에 걸쳐 수많은 담당자와 각종 위원회, 또 여러 직급을 거쳐가며 이뤄지기 때문에 책임이 넓게 퍼지게 되고, 따라서 비난이 향해야 할 곳을 콕 짚어내기가 어렵다.

원론상으로는 이 문제를 둘러 갈 수 있는 몇 가지 길이 있다. 우선 독립적인 외부 기구가 책임 소재를 판단하는 방법이 있다. 의회 청문회 등이 이런 경우다. 아니면 '모든 책임은 내가 진다'라는 접근법을 취할 수도 있다. 미국의 해리 트루먼(Harry Truman) 대통령은 책상에 그렇게 써놓았다고 전해진다. 피라미드의 꼭대기에 있는 사람이 책임을 떠안으면, 정확히 누가 무엇을 했는지에 대한 문제는 덮고 지나갈 수 있다. 존 F. 케네디(John F. Kennedy) 대통령도 쿠바 피그만 침공이 실패했을 때 이 접근법을 취했다(사적인 지리에서는 CIA와 합동참모본부를 비난했다고 한다). 권력의 핵심에 있는 지도자가 아니면 이렇게 공식적으로 비난을 안고 가는 것이 사실상 불가능하다. 하지만 (가능하기만 하다면) 이 방식은 간단할 뿐만 아니라 지난한 외부 조사를 피할 수 있다는 장점이 있다. 그리고 아랫사람들은 대중의 공격에서 보호된다(물론 내부 조사에서는 그 대상이 될 수 있다).

설명 책임을 잘못하면
지옥이 펼쳐진다

공공 부문에서는 많은 손뿐 아니라 많은 눈도 어려운 문제다. 언론의 눈은 가차 없다. 정치 논평과 공공 정책 실패에 대한 내용 등은 주요 뉴스거리다. 정치인의 발언은 면밀히 검토되며, 특히 말이 일관되지 않거나 합리적이지 않을 때는 더욱 그렇다. 언론의 강도 높은 관심을 받는 것은 정치적 삶의 일부다. 그와 함께 비난받을 가능성도 높아진다. 미심쩍거나 불법적인 일, 일반적이지 않은 개인적 선호는 숨기기가 어렵다. 언론 이외에 규제 기관이나 옴부즈맨 같은 눈도 있다. 이들은 공공 기관을 모니터링하고 설명 책임을 강제하기 위한 제도다. 또 전문직의 업종 협회도 설명 책임 장치에 해당한다. 이들은 해당 업종의 윤리 기준을 높이는 역할을 한다. 경찰, 의사, 교사, 사회복지사, 엔지니어, 판사, 변호사, 치과의사 등여러 전문 직종이 그러한 협회를 두고 있다.

이런 메커니즘이 얼마나 잘 작동하는가는 또 다른 문제다. 전문 업종 협회들은 회원들의 잘못을 짚어내는 것보다 자기 홍보나 업종의 이해관계를 지키는 데만 치중하기도 한다. 자금과 자원이 부족한 규제 기관은 때때로 위반이나 경영 실책을 짚어내는 데 실패한다. 2008년 금융 위기가 대표적인 사례다. 증권거래소 등 규제 당국은 은행들이 위험도가 높은 부채를 가지고 도박을 하고 있음을 알아차리지 못했다. 또 설명 책임의 여러 라인이 다 같이 붕괴돼 문제가 된 사례도 있다. 영국의 의사 해럴드 시프먼(Harold Shipman)의 사례가 대표적이다. 2000년에 시프먼은 몇 년 사이 환자 15명을 숨지게 한 죄로 감옥에 갔다. 그는 헤로인을 주입해 250명의 환자를 연쇄 살해한 것으로 의심을 받았다. 공개 청문회에서 밝혀진 바로, 경찰은 여러 차례 적발할 기회를 놓쳤고, 법의학자는 사인 조사를 제대로 하지 못했으며, 의사 협회는 내부 문제를 신경 쓰느라 정신이 없었고, 내무부는 시프먼이 규제의약품을 다량으로 보유하는 것을 막지 못했다. 시프먼은 자신의 행위에 대해 아무 설명도 하지 않은 채 감옥에서 자살했다.

'많은 눈'은 더 많은 비난을 받는 것처럼 '느끼게' 하는 요인이 되기도 한다. 이상적인 상황이라면 공공에 대한 설명 책임은 양방향의 길이어야 한다. 시민들은 자신의 세금이 어떻게 쓰이는지 알 수 있고, 당국자들은 자신의 행동과 의사 결정을 되짚어보면서 필요하다면 의사 결정을 더 나은 방향으로 이끌 수 있다. 하지만 실제로 설명 책임을 져야 하는 사람들이 이런 그림을 그리는 경우는 매우 드물다. 로버트 벤(Robert Behn)은 저서《민주주의적 설명 책임을 다시 생각하기(Rethinking Democratic Accountability)》에서 아래와 같이 설명했다.

설명 책임을 지는 사람들은 자신이 개인적으로 처하게 될 상황에 대해 매우 분명한 상을 가지고 있다. 누군가가 그들에게 설명과 입증을 요구하면 둘 중 하나의 상황이 벌어진다는 것을 그들은 잘 알고 있다. 일을 잘했을 경우에는 아무 일도 일어나지 않는다. 일을 잘못했을 경우에는 지옥이 펼쳐진다.[6]

세계 정치인들의
탈선 사례

대중을 대표하는 사람으로서 정치인들은 진실, 정직, 공정 등 고결한 사회적 가치를 구현할 것을 요구받는다. 어떤 정치인은 자신이 가진 종교가 이런 면에서 긍정적인 작용을 한다고 말하기도 한다. 하지만 험하고 요동치는 정치판에서 그 고결한 가치들이 도전을 받기도 하고, 비판적인 언론의 시야망에서는 어떤 탈선도 곧 폭로된다. 그러면 정치인은 모든 것을 잃을 수도 있다.

여론조사에 따르면 일반적으로 대중은 정치인을 불신하며 스캔들이 터지면 불신이 더 악화된다.[7] 정치 영역에는 오래전부터 수많은 스캔들이 있었다. 미국에서 최초의 대통령 성추문은 미국 제3대 대통령(1801~1809) 토머스 제퍼슨(Thomas Jefferson)과 노예 샐리 헤밍스(Sally Hemings)와의 관계였다. 빌 클린턴(Bill clinton)과 백악관 인턴 모니카 르윈스키(Monica Lewinsky) 사이의 '부적절한 관계'보다 200년 앞서 일어난 일이다. 클린턴은 탄핵안이 상원까지 올라간 두 번째 대통령이기도 하다. 첫 번째는 1868년 '중대한 범죄나 부당 행위'를 사유로 탄핵안이 올라왔던 앤드루 존슨(Andrew Johnson)이다(미국에서 탄핵이 거론된 대통령은 앤드루 존슨, 리처드 닉슨, 빌 클린턴이다. 존슨과 클린턴은 탄핵안이 하원에서 가결됐으나 상원에서 부결되어 임기를 마쳤다. 닉슨은 탄핵 가결이 확실시되자 표결 전에 스스로 사임했다.-옮긴이).

또 많은 정치인이 정치적 스캔들로 평판이 실추됐다. 미국의 로널드 레이건(Ronald Reagan)과 리처드 닉슨(Richard Nixon) 대통령, 영국의 보수당 부총재 제프리 아처(Jeffrey Archer), 자유당 당수 제러미 소프(Jeremky Thorpe), 독립당 부대표 닐 해밀턴(Neil Hamilton), 이탈리아의 실비오 베를루스코니(Silvio Berlusconi) 총리 등이 그런 사례다.

도덕적 잘못을 저지르고 규칙을 악용하는 것은 인간이라면 누구나 갖고 있는 면이기도 하지만, 정치인에게는 기대되는 기준이 더 높다. 영국에서 하원 의원들이 과다하게 개인 경비를 청구한 사실이 드러났을 때 대중이 보인 분노가 이를 잘 보여준다. '명예로운 의원(honourable members)'이라고 불리는 영국 하원 의원은 품위 유지를 위해 '합리적인 수준에서' 생활 경비를 정부에 청구할 수 있다. 런던 지역구가 아닌 의원들이 회기 동안 런던에 머물 수 있도록 본가 이외의 주택에 대한 주거 수당을 받을 수 있고, 식비와 가구 구입비 등도 청구할 수 있다. 2009년 〈데일리 텔레그래프〉는 정보공개법을 활용해 의원들의 경비 청구 내역을 공개했다. 그리고 대중의 분노가 폭발했다. 50명이 넘는 의원들이 청구 대상 주소지를 계속해서 바꿔가며 복수의 주택에 대해 수당을 청구했다. 제2의 주택에 본인이 거주하지 않고 세를 놓아 임대 수익을 챙기면서 수당을 청구한 경우도 있었다. 또 어떤 의원은 주택 대출금을 과다 청구하거나 금융 소득세를 내지 않았다. 지출 청구의 긴 목록은 일상적인 품목(마늘 깎는 도구, 머그 컵, 모기장 등)부터 특이한 품목(성인 영화, 수영장 청소비, 연못 오리 집 등)까지 다양했다. 수당 제도 자체도 비판받았지만, 분노의 대부분은 신뢰받는 지위를 악용해 도덕 기준을 훼손한 의원들에게 쏟아졌다.

의원들은 비난을 누그러뜨리려는 핑계를 내놓기 시작했다. 뻔뻔한 것부터 애처로운 것까지 각양각색이었다. 대부분은 '나는 아무 규칙도 어기지 않았다'거나 '보좌관이 하라는 대로 한 것일 뿐'이라고 '시스템'에 비난을 돌렸다. 한 의원은 '지출 처리 부서에서 설명한 내용을 내가 오해했다'고 모호하게 말했다. 되레 자신의 고결성을 주장하는 의원도 있었다. '나는 범죄를 저지르지 않았다. … 이것은 질시일 뿐이다.'(수백만 파운드를 개인 맨션에 쓴 의원) '나는 이것이 세금의 정당한 가치를 표현하는 것이라고 생각한다.'(자택 수영장 관리비를 청구한 의원) '사람들이 우리 역시 인간임을 알아야 한다고 생각한다.' 하지만 대중의 분노와 민심 이탈의 심각성을 깨닫고서 정당 지도부는 '내 탓이오' 자세를 취하면서 비윤리적 수당 청구로 물의를 일으킨 모든 의원을 대신해 사과하고 급진적인 개혁을 약속했다. 많은 의원들이 자발적으로 환불했고 다른 의원들도 환불하라는 지시를 받았다. 일부 의원은 사퇴했고 7명의 의원은 회계 부정으로 감옥에 갔다.

이 사건은 영국 정치계가 겪은 커다란 쓰나미였고 정치인에 대한 대중의 불신을 가중시켰다. 정부가 서판은 깨끗하게 지워졌으며 그러한 남용은 더 이상 발생하지 않을 것이라고 국민들에게 확신시키느라 애썼지만 소용없었다. 이 스캔들은 언론의 파수꾼 역할이 빛을 발한 승리로 여겨진다. 정치의 중심부에 용납할 수 없는 위선과 불법적 행동이 있었음을 드러냈다고 말이다. 하지만 기사화되지 않은 다른 이야기도 있다. 결백한 의원에게마저 낙인이 찍힌 것이다. 가장 분노를 많이 산 위반(주택 수당)은 전체 의원 중 절반만이 저지른 것이었는데도 언론에서는 마치 이것이 모든 의원의 문제인 것처럼 그려졌다. 언론의 헤드라인이 눈에 띄는 남용 사례와 눈살 찌푸려지는 해명에 관심을 집중시켜서 대중의 눈에는 모든 정치인이 사회의 적으로 보이게 됐다.

여기에서 우리는 하나의 역설을 볼 수 있다. 민주 사회의 시민은 정치인의 술수, 화려한 화법, 지키지 않는 약속 등을 간파하면서 정치인에 대한 환상이 깨지는 경험을 지속적으로 겪는다. 대중이 보기에 정치인들은 그만큼의 비난을 받아 마땅하다. 하지만 그렇더라도 우리는 목욕물과 함께 아기까지 버리고 싶지는 않다. 즉 (부정한) 정치인을 버리겠다고 정당 정치 시스템마저 버리고 싶지는 않은 것이다.[8] 윈스턴 처칠(Winston Churchill)이 말했듯이 '민주주의는 이제까지 있었던 다른 모든 형태의 정부를 제외하면, 최악의 정부 형태'다. 어쩌면 아마도 다음번에는, 다음 선거 때는, 썩은 과일이 덜한 정부, 더 나은 지도부, 더 효과적인 정부, 덜 비난받아도 되는 정부를 갖게 될 수 있을 것이다. 어쩌면 말이다.

3부

비난 사회를 넘어
회복 사회로!

비난의 최종 목표는 잘못을 바로잡는 데 있다

진정한 사과는
가장 현명한 비난 대처법

가해자의 사과는 잘못을 없던 일로 만들 수는 없지만 치유와 화해 과정의 시작이 될 수 있다. 이때 중요한 것은 피해자의 고통에 공감하고, 뉘우침에 진정성이 있어야 하며, 필요한 경우 반드시 보상이나 배상이 따라야 한다는 것이다. 진정성 없는 사과는 하지 않는 것만 못하다.

진정한 사과의 조건

누군가가 부당하게 잘못된 대우를 받거나 희생양이 되었다면 가해자의 사과가 도움이 된다. 잘못을 없던 일로 만들 수는 없지만 치유와 화해 과정의 시작이 될 수는 있다. 하지만 사과는 복잡하다. 왜 우리는 때로 사과하기를 그토록 꺼리는 것일까? 사과가 진정한 것인지 아닌지는 어떻게 알 수 있을까? 문제가 발생한 지 한참 지난 뒤에 기관(정부, 기업 등)이 사과하는 것은 어떤 의미를 가질까?

사과는 어떻게 표현하며 어떤 맥락에서 표현하는지에 따라 다른 의미를 지닌다. 누군가의 불운을 보고 동정과 공감의 의미에서 "안 됐다(I am sorry)"라고 말할 수도 있고, 정말로 미안하지는 않다는 것을 드러내기 위해 농담으로 "미안(I am sorry)"이라고 말할 수도 있으며, 낯선 사람과 부딪쳤다든지 약속 시간에 늦었다든지 해서 사회적 에티켓을 어겼을 때 반사적으로 "미안합니다(I am sorry)"라고 말할 수도 있다. 또 우리는 동물이나, 망자, 자동차, 식물 등 사람이 아닌 존재에게 사과를 하기도 한다.

문화적인 차이도 있다. 개인주의가 우세한 앵글로 아메리카 문화에서는 경쟁과 승리가 중요하므로 사과는 마지막에야 나오는 반응이다. 반면 집단주의 문화가 강한 일본과 중국에서는 사과가 사회적 의무와 조화를 교란한 데 대한 부끄러움과 뉘우침의 의미를 띤다. 일본에서는 개인이 사회 단위와 연결돼야만 완전한 의미를 갖는다. 일본어로 '자신'을 뜻하는 '지분(自分)'은 공동체의 공간에서 개인이 갖는 몫을 의미한다.[1] 2010년 일본 총리 하토야마 유키오의 겸손한 사과는 그런 공개 사과의 전형을 보여준다. 총리직을 사임하며 그는 이렇게 사과했다. "국민은 집권 여당의 말을 점점 듣지 않게 됐습니다. 전적으로 제가 부덕한 탓입니다."[2] 또 토요타는 2010년에 제조 결함으로 리콜을 하게 되자 즉시 공개 사과를 하고 일본과 미국 신문에 전면 광고로 사과문을 게재했다. "여러분께 끼쳐드린 커다란 심려와 불편함에 깊은 사죄를 드립니다."[3] 이와 대조적으로 2007년에서 2010년 사이의 금융 위기에 대해 미국의 주요 투자은행 경영자들은 아무런 사과도 하지 않았다.

도덕적 상처를 입혔거나 신뢰를 깬 경우에 사과는 특히 유의미하다. 여기에서의 사과는 단지 '죄송하다'고 말하는 것만으로는 부족하다. 심리학자들에 따르면 잘못에 대한 개인적인 인정, 구체적으로 잘못한 내용이 무엇인지에 대한 이해, 피해자의 고통을 인정하는 공감, 통보나 방어적 발언 또는 모호한 일반화나 조건부가 아닌 사과, 그리고 (해당이 될 경우) 보상이나 배상의 방식 등이 포함돼야 한다. 놀라운 일도 아니지만, 공개 사과 중 이런 조건을 다 만족하는 것은 거의 없다. 간혹 '거의' 만족시키는 것은 있는데, 존 갈리아노(John Galliano)의 사례가 그렇다. 크리스천 디오르의 수석 디자이너였던 갈리아노는 2010년 파리의 한 바에서 술에 취해 두 명의 여성에게 반유대주의적인 욕설을 했다. 이 일로 그는 평판과 일자리를 잃었다.[4] 갈리아노는 곧 공개 사과를 했다.

나에게 쏟아진 비난을 전적으로 받아들입니다. 내가 한 짓이 여러분께 충격과 분노를 끼쳐드렸음을 인정합니다. … 그 상황에 대해 전적으로 책임을 지겠습니다. 저는 최악의 모습을 드러내고 말았습니다. 모두 제 탓이며, 저의 잘못에는 저 스스로 직면해야 한다는 것을 잘 알고 있습니다. 여러분의 이해와 동정을 다시 얻을 수 있도록 최선을 다하겠습니다. 이 과정을 시작하기 위해 도움을 청합니다. 그러한 상황을 만든 저의 개인적인 잘못을 고치고 여러분의 용서를 구할 수 있도록 최선을 다할 것입니다. 반유대주의와 인종차별주의는 우리 사회에 발 디딜 곳이 있어서는 안 됩니다. 저의 행동이 일으킨 어떤 모욕에 대해서도 전적으로 사죄를 드립니다.[5]

2년 뒤 그는 다시 다음과 같이 언급했다.

저는 다른 이에게, 특히 유대인에게 상처를 주는 말과 행동을 했습니다. 저는 사적, 공적으로 제가 일으킨 고통에 대해 뉘우침을 표시해왔으며 앞으로도 계속 그렇게 할 것입니다.[6]

그의 사과는 미국의 유대인 차별 반대 단체 '반비방연맹(Anti-Defamation League)'의 관심을 끌었다. 이 단체는 그의 반성을 인정하고, 그가 '진정한 뉘우침'을 보여줬으며 자신의 불명예로부터 교훈을 얻은 것 같다고 언급했다. 패션업계도 조심스럽게 그를 다시 받아들일 준비를 했다.

뉘우침의 진정성을 드러내는 것은 언어 외적인 요소인 경우가 많다. 악수, 포옹, 시선, 어조, 표정 등이 모두 중요하며, 공적 인물이 사과할 때 언론은 이 모두를 면밀히 조사한다. 2013년, '투르 드 프랑스'에서 7차례나 우승했던 사이클 선수 랜스 암스트롱(Lance Armstrong)은 오프라 윈프리 쇼에 출연해서 그전까지는 오래도록 단호하게 부인해왔던 경기력 향상용 약물 복용을 시인했다. 이전과는 180도 돌변한 입장인 데다 전적으로 '내 탓이오'의 태도였다. 하지만 모든 사람이 그의 뉘우침에 진정성이 있다고 생각한 것은 아니었다. 〈가디언〉 저널리스트 올리버 버크먼(Oliver Burkeman)은 그것이 '고해 없는 고해'였다고 언급했다.

오프라와의 대화 중에 울음을 터뜨린 것은 진부하게 보일 수 있고, 암스트롱처럼 감정이 없어 보이는 경우에는 더 문제다. 기본적으로 전체 과정이 거짓이라는 인상을 준다. 이런 인터뷰는 시청자를 감동시키고 약간의 도덕적 우월감을 느끼도록 만들어야 하지 않는가. 그렇지는 못할망정 전혀 상황에 맞아떨어지지 않는 태도로 망치지는 말았어야 했다.[7]

자기도 모르게 나온 뉘우침의 제스처가 말보다 더 강한 메시지를 전달하는 경우도 있다. 1970년 독일 총리 빌리 브란트(Willy Brandt)가 그런 모습을 보여줬다. 그는 폴란드를 방문해서 1943년에 있었던 '바르샤바 게토 유대인 봉기 사건' 희생자들의 넋을 기리는 행사에 참석했다. 이 사건의 희생자들은 바르샤바 게토에 거주했던 50만 명 중 마지막으로 저항한 사람들이었으며, 홀로코스트로 숨진 600만 명 중 일부였다. 잘 구성된 경건한 행사 도중 브란트는 조심스럽게 화환을 내려놓더니 다음 순간 모두를 놀라게 했다. 뒤로 물러서서 젖은 아스팔트에 무릎을 꿇고는 고개를 숙이고 손을 모으고서 오랫동안 아무 말 없이 그렇게 있었다. 이 일에 대해 브란트는 나중에 이렇게 언급했다. "그날 독일 역사의 깊은 심연 앞에 서 있었을 때 살해당한 수백만 명의 무게에 짓눌렸고, 나는 말로 표현하는 것이 불가능한 순간에 어떤 사람이라도 했을 일을 했다."[8] 많은 폴란드인이 그의 말 없는 행동을 극도로 비도덕적이었던 과거사에 대한 강한 뉘우침의 상징이자 화해의 제스처로

받아들였다. 하지만 독일인들은 이 행동을 불편해했다. 문화적으로 적절하지 않다고 여겼고, 그의 대담한 제스처가 드러내는 의미를 받아들이기 어려워했다. 〈슈피겔〉은 무릎을 꿇고 있는 브란트의 사진을 전면으로 게재하면서 이런 소제목을 달았다. '브란트는 무릎을 꿇을 필요가 있었나?' 하지만 브란트는 물러서지 않았고 나중에 이렇게 회상했다.

20년이 지난 뒤에도 나는 당시 기자가 보도한 것 이상으로는 말할 수 없다. 기사는 다음과 같았다. "무릎을 꿇을 필요가 없는 사람이, 꿇어야 할 필요가 있는데도 그렇게 하지 않은 모든 사람, 뻔뻔스럽게도 무릎을 꿇지 않았거나, 무릎을 꿇을 수 없었거나, 무릎을 꿇을 용기를 낼 수 없었던 모든 사람을 대신해서 무릎을 꿇은 것이다."[9]

브란트의 엄숙한 제스처와 베트남 참전 군인 존 플러머(John Plummer)의 격렬한 행동은 대조적이다. 1996년 11월 플러머는 워싱턴에서 열린 한 행사에 참석했다. 이 자리에서 이제는 성인이 된 판 티 킴 푹(Phan Thi Kim Phuc)이 연설을 했다. 킴 푹은 베트남전 당시 네이팜탄 공격으로 전신 화상을 입고서 벌거벗은 채 울면서 뛰어 달아나던, 퓰리처상을 받은 유명한 사진 속 소녀다. 미국의 네이팜탄 공격으로 킴 푹이 살던 마을이 파괴됐고 두 남동생이 목숨을 잃었다. 플러머는 당시 느낌을 이렇게 설명했다.

흐느낌이 내 몸을 찢듯이 솟아올라 멈출 수가 없었다. 판 티 킴 푹의 화상과 남동생의 죽음에 내가 책임이 있다는 것을 알고 비명이 나올 것만 같았다. 킴 푹은 내 슬픔과 괴로움과 애도를 보고는 나를 안아주었다. 내가 할 수 있는 말은 "미안합니다. 미안합니다. 미안합니다"뿐이었다. 그러는 동안 킴 푹은 말했다. "괜찮아요, 괜찮아요. 용서했어요, 용서했어요."[10]

플러머는 네이팜탄 공격의 책임이 자신에게 있다며 죄책감을 느꼈다. 그는 자신이 그 공격을 지시했으며 오랜 세월 그 때문에 괴로웠지만 킴 푹의 용서 이후에 드디어 평화를 느낄 수 있었다고 말했다. 통제할 수 없이 터져 나온 슬픔과 뉘우침의 모습은 감동적이었다. 그런데 여기에는 의외의 반전이 있다. 네이팜탄 공격은 그가 지시한 것이 아니었다. 당시 사령관에 따르면, 플러머의 지위는 명령을 수행하는 사람에 불과했을 뿐 공격을 승인할 권한은 없었다.[11] 몇 개월 뒤 이에 대해 질문을 받자 플러머는 속이려는 의도가 있었던 것이 아니라 그날의 사건이 마음에 너무나 단단히 박혀 있어서 자신이 공격에 깊이 관여했던 것처럼 느껴졌다고 설명했다. 그리고 "관여도가 다소 멀다 해도, 어쨌든 내가 관여한 일로 어린 소녀가 상처받았다는 것에 대해 막심하게 후회하고 있었다"라고 말했다. 그러니까 그는 '마치 자신이 레버를 당긴 것처럼' 느낀 나머지 비난받아 마땅하다고 여겼던 것이다.

가장 악한 것은
반성하지 않는 것

　여론과 언론의 법정에서 개전의 정이 보이지 않는다는 것은 그가 다루기 힘든 인간이거나 '사악한' 인간임을 보여주는 증거로 여겨지곤 한다. '냉혈한 살인마, 아무 뉘우침도 보이지 않다' '자전거 탑승자의 사망에 대해 아무런 반성도 보이지 않다' '아무런 뉘우침도 보이지 않고 구타 사실을 자랑하다'와 같은 비난 섞인 제목은 그들이 한 짓 자체에 대해서 뿐 아니라 그에 대해 사과하지 않는데 대해서도 비난을 한다. 그들은 이중으로 죄를 지었다. 사과는 형량에도 영향을 미친다. 미국에서는 개전의 정을 표현했느냐가 구형에 영향을 미치고, 영국에서 판사들은 형량을 감해준다. 2013년 나이젤 스위니(Nigel Sweeney) 판사는 법 집행 방해 행위를 한 공인 두 명에 대해 선고를 내리면서 아래와 같이 언급했다.

피고 A: 피고의 거짓말과 법 집행 과정에 영향을 미치려던 행위가 형기를 증가시키지는 않을 것이다. 적절한 시점에 비용에 대한 논의는 필요할 수 있겠지만 말이다. 어떤 경우든 피고가 용기를 내 죄를 뉘우친 것을 감안해 10퍼센트의 감형을 받게 될 것이다. 그렇게 죄를 순순히 인정함으로써 법정이 시간과 비용을 절약하게 했고 이제 사과하기 더 쉬운 처지가 되어서라고 하더라도 뉘우침의 과정을 시작했음을 보여줬기 때문이다.

피고 B: 나의 견해로는, 피고가 제기한 이유들이 예외적인 상황으로 보이지 않으므로 즉각적인 구속 판결을 내려야 할 것이라고 본다. 죄를 인정하거나 반성에 따른 감형은 없다. 그런 모습을 보이지 않았기 때문이다.[12]

법정에서 뉘우침이란 통화 가치가 확실한 화폐와 같다. 피고 측 변호인들은 이를 잘 알고 있다. 의뢰인이 유죄를 받을 가능성이 있을 때 '진심 어린' 개전의 정은 큰 도움이 된다.

정치계에 만연한
거짓 사과

1974년에 리처드 닉슨 대통령은 아래와 같은 사과 연설을 했다.

오늘의 결정을 가져온 일련의 사건이 진행되는 과정에서 발생했을 수
도 있는 어떤 상처에 대해서도 깊이 유감을 표합니다. 내가 이 자리에서
말할 수 있는 유일한 것은, 만약 나의 판단 중 일부에 잘못이 있었다면, 아
마 있었을 것입니다, 당시로서는 그것이 국가에 최선의 이익이라고 믿었
기 때문에 내린 결정이었다는 것입니다.

2001년 9월 11일의 테러 공격 직후 미국의 한 공화당 의원은 라
디오 인터뷰에서 이렇게 언급했다. "기저귀를 머리에 두르고 그 주
위에 넓적한 띠를 차고 공항에 들어오는 사람이 있다면, 불러 세워
수색해야 한다고 생각합니다." 이 발언이 모욕적이라고 생각한 인

종과 종교 집단이 강력하게 항의했다. 그러자 그는 이렇게 말했다.

나의 단어 선택에 대해 유감스럽게 생각하며, 아랍계에 대한 비이성적인 공격을 용인하는 것은 전혀 아님을 말씀드립니다. 하지만 테러리스트들은 그 프로파일(테러리스트 프로파일 또는 의심자 프로파일)과 일치합니다. 미국에서 또 다른 비극적인 공격이 일어나는 것을 막기 위해 앞으로의 공항 안보 조치는 … 테러리스트일 가능성이 있는 사람들을 반드시 짚어내야 합니다.[13]

비사과성 사과의 사례다. 이는 개인에게 쏟아지는 비난과 책임을 최소화하기 위해 만든 말로, 사과 같이 보이긴 하지만 자신이 일으킨 피해에 대한 설명이 구체적이지 않고, 피해자가 누구인지, 피해자에게 어떤 피해와 모욕을 주었는지도 모호하다. 비사과성 사과는 정치 세계에 매우 만연해 있다. 정치인들은 자신의 여러 지지 기반 사이를 수완 있게 헤쳐나가기 위해 비사과성 사과를 활용한다.

비사과성 사과는 곤란한 상황을 피하기 위해 이뤄지며, 상처를 치유하기보다는 권위를 회복하는 것이 목적이다. 단어를 잘 선택하는 것이 매우 중요하고, 뛰어난 비사과성 사과는 언어가 매우 능란하게 배배 꼬여 있다. '유감'이라는 표현이 '사과'나 '사죄'보다 많이 쓰인다. 거리를 둘 수 있기 때문이다. 행위에 대해서는 '유감스럽지' 않은 경우라 해도 그것이 일으킨 결과에 대해서는 '유감스러울' 수 있다. 또 자신에게 쏟아지는 비난이 부당함을 암시하는 말도 덧붙인다. '누군가가 상처를 입었다면' '실수가 있었을지도 모르나' '나의 판단 중 일부가 잘못되었다면'과 같은 식의 소극적이고 조건부적인 표현은 가해자와 가해 행위를 분리한다.

군사 행동과 관련한 비사과성 사과는 매우 정교하게 만들어진다. 무고한 시민의 사망은 화법상으로도, 또 실무상으로도 '부수적 피해'라고 표현된다. '세밀하고 신중하게 표적을 맞춘 작전'이었는데도 '매우 불운하게 발생한' 일이라는 것이다. 피해 가족과 공동체가 겪는 트라우마와 고통은 '언급'되긴 하지만 '다뤄지지'는 않는다. 2012년 파키스탄에서는 미국의 드론 공격으로 사망하거나 부상한 사람이 수천 명에 이르렀고 연일 국제 뉴스에 민간인 사상자에 대한 소식이 나왔다. 오바마 대통령의 안보 비서관은 전형적인 비사과성 사과를 보여줬다. 그 공격이 '법을 완전하게 지키는 한에서' 벌어졌으며 미군은 '아주 극히 드문 경우가 아니면 무고한 시민이 사망하거나 다치지 않을 것이라고 강하게 확신하는 경우에만 공격을 승인한다'고 했다. 그리고 이렇게 덧붙였다. "극히 신중하고 조심스럽게 접근했는데도 민간인이 우연히 다치거나, 더 안 좋게는 사망한 경우가 있었습니다. 매우 드문 일이지만 어쨌든 그런 일이 벌어졌습니다. 이런 일이 있을 때 우리는 무고한 사람이 전쟁 중 목숨을 잃는 경우에 언제나 그랬듯이 깊이 고통스럽고 유감스럽게 생각합니다."[14] 말을 배배 꼬아 자기 정당화를 하면서 문제와 비난을 최소화했으며, 미군이 완전한 냉혈한이 아니라는 것을 보이기 위해 절반뿐인 사과를 덧붙였다.

비사과성 사과는 외교 게임의 수완에서도 많이 볼 수 있다. 2001년 4월 이스라엘과 팔레스타인 사이에 국경 교전이 있었다. 이 일로 이스라엘은 국제적인 비난을 받았다. 하필 이때는 이스라엘이 국제 사회에서 입지와 관계가 위축되던 시기였다. 유화의 제스처로, 이스라엘 총리는 미 국무부에 서신을 보내 '유감스러운 사고에 대해 슬픔'을 표했다. 이것이 이스라엘 일간지 〈마리브〉에 다음과 같이 보도됐다. "총리는 미 국무장관 콜린 파월에게 서신을 보내서 이스라엘군의 발포에 대해 사과했다."[15] '슬픔'이 '사과'로 보도되자 이스라엘 민족주의자들의 비난이 빗발쳤다. 그들은 이스라엘군의 지위가 훼손됐다고 주장했다. 총리실은 급히 보도 자료를 내고 언론 보도 내용을 정정했다.

총리는 사과하지 않았으며 사과의 의도도 없었습니다. 총리는 사고가 벌어진 데 대해 슬픔을 표했을 뿐입니다. … 그 서신은 매우 세심하게 작성되었습니다. 자세히 읽는다면, 총리는 사실 (그 사건에 대해) 팔레스타인을 비난하고 있으며 이스라엘의 어떤 행동에 대해서도 사과하고 있지 않음을 알 수 있을 것입니다.[16]

이렇게 미안하다고 말하지 않는 화법을 보면, 정치인이란 으레 자신의 이해를 위해 이미지를 조작하는 사람이라는 선입견이 강해진다. 어느 정도 맞는 면도 있지만, 많은 경우에는 비사과성 사과만으로도 충분하다. 비사과성 사과는 어느 정도 신뢰도를 유지하면서 정치 생활을 지속해나가기에 충분할 정도로 주요 집단을 달래준다. 꼼꼼한 비사과성 사과는 수완 있는 외교의 일부다.

기업 홍보에서도 비사과성 사과는 체면을 지키는 데 중요하다. 진정한 사과와 인정은 보상 청구에 직면하게 만들 수도 있고 평판을 손상시킬 수도 있다. 비사과성 사과는 이런 상황을 피할 수 있는 방법이다. 2010년 금융 위기 당시 골드만삭스 회장 로이드 블랭크페인(Lloyd Blankfein)이 한 비사과성 사과는 전형적인 사례다. "우리와 은행업계가 명백히 잘못이라 볼 수 있는 일에 관여했다고 느끼는 사람들이 있습니다. … 우리에게는 유감스럽고 사과할 만한 이유가 있습니다. 이 중 일부는 사실이고 일부는 추측입니다."[17] 또 다른 비사과성 사과의 사례로는 로이드뱅크의 이안 핼릿(Ian Hallett)의 언급을 들 수 있다. 이 은행은 보험 상품을 잘못 판매한 일이 있었는데, 이에 대해 핼릿은 "판매 과정에서 더 분명하게 처리했어야 하는 사례들이 있었고, 그 결과 우리가 설정한 기준을 충족시키지 못한 경우가 있었습니다"라며 "그 점에 대해 불평을 제기할 이유를 가진 분들이 계시다면 매우 유감을 표합니다"라고 말했다.[18]

국가 지도자들의
사과

2008년 2월에 호주 총리 케빈 러드(Kevin Rudd)는 1869년부터 1969년 사이 강제로 집을 떠나야 했던 '도둑맞은 세대' 피해자들에게 공식적으로 사과했다(호주 정부는 '백인 사회로의 동화'를 유도한다며 호주 토착민인 애버리지니 아이들을 부모와 생이별시켜 백인 가정에 입양시켰다.-옮긴이).

과거의 잘못을 바로잡음으로써 호주 역사의 새로운 페이지를 넘기고 미래에 대한 확신으로 나아가야 할 때입니다. 우리는 여러 세대에 걸쳐 정부와 의회가 호주의 동료 시민들에게 막대한 슬픔과 고통과 상실을 준 법과 정책을 만들고 실행한 데 대해 사죄드립니다. 특히 애버리지니와 토러스 해협 제도의 원주민 자녀들을 가족과 공동체, 그리고 국가로부터 강제로 떼어놓은 것에 대해 사과합니다. '도둑맞은 세대'의 희생자들, 그리고 뒤에 남겨진 가족들의 고통과 상처와 희생에 대해 사죄드립니다. 그들의 부모와 형제자매들에게 가족과 공동체를 무너뜨린 점에 대해 사죄드립니다. 또한 그럼으로써 자긍심을 가진 사람들과 그들의 자랑스러운 문화에 끼치게 된 수모와 존엄의 상실에 대해 사죄드립니다.[19]

2010년 6월, 영국 총리 데이비드 캐머런(David Cameron)은 1972년 북아일랜드에서 영국군이 비무장 시위대와 시민들에게 발포함으로써 26명이 목숨을 잃거나 다친 '피의 일요일' 사건에 대해 공식 사과했다.

거의 40년이나 지나서 총리가 사과를 해야 할 필요성에 대해 의아해하시는 분들도 있을 것입니다. 나의 세대 중 일부에게는 '피의 일요일'을 비롯한 1970년대 초의 사건들이 동시대의 일이 아니라 역사 속의 일일 것입니다. 하지만 그때 벌어진 일들은 절대로 되풀이돼서는 안 됩니다. 숨진 사람들의 가족이 그날의 고통과 상처, 그리고 평생의 상실감을 가지고 살게 해서는 안 됩니다. 우리 군인 중 일부가 잘못된 행동을 했습니다. 군의 행동에 대한 궁극적인 책임은 정부에 있습니다. 따라서 정부를 대표해, 우리나라 영국을 대표해 깊은 사죄를 드립니다.[20]

20세기 중반에 과거사에 대해 국가 지도자가 사과하는 사례가 크게 증가했다. 몇 가지 예를 들면 다음과 같다.

- 노예무역에서 영국의 역할
- 남아프리카 공화국의 인종 분리 정책 아파르트헤이트
- 제2차 세계대전 중 미국의 일본인 강제 격리 수용
- 뉴질랜드의 마우리족 토지 강탈
- 제2차 세계대전 당시 일본의 전쟁 범죄
- 1940년 카틴 숲에서의 소련군에 의한 폴란드인 수감자 대량 학살
- 제2차 세계대전 당시 프랑스 유대인 32만 명을 수용소로 강제 이송하는 일에 대한 비시(Vichi) 정부의 공모
- 1840년대 감자 기근 당시 영국 정부가 아일랜드의 고통을 외면한 행위
- 미국 공중보건국이 흑인 환자들을 대상으로 40년간 시행한 터스키기 지역 매독 연구(이때 공중보건국은 연구를 목적으로 일부러 적절한 진료를 하지 않았다)
- 1950년대에서 1970년대 초까지 호주 정부가 실시한 미혼모 자녀 강제 입양 조치
- 1942년 브라질이 일본과의 전쟁을 선언한 뒤 브라질 거주 일본인들이 당한 폭력

이러한 사과는 국제 윤리에 중대한 전환이 있었음을 보여준다. 오래도록 국제 윤리는 강자가 특권을 갖는 것을 당연시했다. 고대 그리스에서부터, 강자는 약자를 희생시키거나 정복해서 자신

이 원하는 것을 취할 권리가 있다고 여겨졌다. 희생자는 그런 처지가 되는 게 마땅했다. 그래서 그들이 희생자가 된 것이라고 말이다. 사과는 불필요할 뿐 아니라 부적절한 것이었다. 20세기에 국제 윤리상의 전환이 일어난 것에 대해 학자들은 제2차 세계대전 이후 시민적·종교적 양심이 깨어난 것을 요인으로 꼽는다.[21] 이를테면 기독교 교회는 자신이 유대인 학살에 공모했던 사실, 또 과거 식민지의 억압에 동조했던 사실에 직면하게 됐다. 그리고 20세기 중반에는 자유주의적 양심에 기초해 '타자를 인정하는 새로운 정치'가 생겨났다. 여기에 더해 흑인 민권 운동과 여성해방 운동은 소수 집단과 주변화된 사람들이 겪는 고통에 대해 사회적 인식을 요구했다.

한편 과거사에 대한 국가의 사과를 비판하는 사람들도 있다. 회의주의자들은 이런 사과가 과도하게 인플레이션된 화폐와 비슷하며 사실상 실체가 없다고 지적했다. 이들은 과거사에 대한 국가의 사과가 진정한 사과일 수 없다고 본다. 사과하는 주체가 피해를 일으킨 당사자가 아니며, 많은 경우 사건은 그들이 태어나기도 전에 벌어진 일이라는 것이다. 왜 현재의 당국자가, 현재의 국민을 대표하는 지도자가, 과거의 죄를 책임져야 하는가? 게다가 그런 일이 저질러진 당시에는 그것이 죄로 여겨지지 않았다. 당대의 지배적인 도덕적 질서에서는 받아들여지던 일이었으며 '합법적'으로 이뤄진 경우도 있었다. 노예제, 아파르트헤이트, 1930년대 나치의 인종법 모두 지금 보기에는 얼마나 끔찍하든 간에 당시에는 합법적이었다. 과거의 도덕 질서를 현재의 기준으로 판단하고서 그것에 대해 책임을 진다는 것이 무슨 의미인가?

상당히 설득력 있는 주장이다. 그리고 이런 주장은 국가의 사과가 있기 전후에 자주 등장한다. 케빈 러드의 사과가 있고 나서 전임 총리 존 하워드는 사과하기를 거부했던 자신의 소신을 다시 한번 피력했다. "원칙적으로 나는 한 세대가 이전 세대의 행동에 대한 책임을 받아들일 수 있다고 믿지 않습니다. 원칙상으로 그렇게 생각합니다."[22] 하지만 사과하기를 거부하는 것은 원칙 때문이라기보다는 모호하거나 이견이 있는 사실관계를 둘러싸고 일어나는 경우가 많다. 1915년 터키가 아르메니아인을 학살한 데 대해 사과하지 않으려 하는 상황이 이를 잘 보여준다. 터키는 인종 학살이 있었다는 사실을 인정하지 않는다. 1914년 제1차 세계대전 때 터키(당시에는 오스만 제국)는 독일과 동맹을 맺었다. 아르메니아인은 '국내 적군'이자 파괴 공작원으로 여겨졌다. 50개의 아르메니아 공동체 지도자와 지식인들이 숙청됐다. 오스만 군대 내의 아르메니아 사람들은 무장해제 후 처형됐다. 아르메니아인의 자산은 몰수됐고, 대규모 강제 이송, 살해, 기아도 발생했다. 간단히 말해서 인종 학살의 모든 요소가 다 있었다.

하지만 터키는 이런 해석에 반발한다. 전체 사망자 수도 다르게 본다. 아르메니아는 150만 명이 숨졌다고 보지만 터키는 30만 명 정도로 추산한다. 학계에서는 100만 명 이상으로 보고 있다. 숫자게임을 하면서 터키는 인종 학살이 있었다는 것을 부인할 뿐 아니라 그러한 사망은 전쟁의 혼란 속에서 벌어진 결과이지 아르메니아 인종을 파괴하기 위한 체계적인 시도가 아니었다고 주장한다. 2012년에 〈알자지라 뉴스〉가 터키의 유럽 담당 장관에게 1915년의 사건을 터키 정부가 인종 학살로 인정할 것인지 묻자 그는 이렇게 말했다. "그것이 역사적으로도, 과학적으로도, 그리고 무엇보다 아무 이견 없이 만장일치로 인정되는 사실이라면, 왜 아니겠습니까?" 그리고 이렇게 덧붙였다. "과거에 어두운 일이나 고통이 없는 국가를 하나라도 댈 수 있습니까?"[23] 20개 이상의 국가와 유럽의회가 아르메니아에 대한 인종 학살이 있었음을 인정했지만 터키에서는 이에 대한 사회적 논의가 억눌려 사라졌다. 아르메니아인들은 지금도 세계에서 가장 많이 흩어져 살고 있는 인종에 속한다.

이와 비슷한 일이 제2차 세계대전 당시 종군 위안부와 관련한 일본의 사과에서도 나타난다. 일본 군인들의 증언과 위안부 생존 여성들의 증언은 잔인한 성 착취가 벌어졌음을 확실히 보여준다. 20만 명의 소녀들이 끌려가서 일본군의 성 노예가 됐다. 하지만 일본 정부는 (일본 역사학자들의 연구를 근거로 들어가며) 이들 대부분이 자발적으로 지원했으며 원래 성매매 여성들이었다고 주장했다. 제2차 세계대전이 끝나고 48년이 지난 1993년, 일본 정부는 드디어 군이 개입했음을 인정했고 고노 요헤이 관방장관이 사과를 했다.

부인할 수 없이, 이 일은 당시 군사 당국이 개입하여 벌어진 일이었고 많은 여성들의 명예와 존엄을 극심히 손상시킨 일이었습니다. 일본 정부는 위안부로 헤아릴 길 없는 고통과 돌이킬 수 없는 심리적·신체적 상처를 입은 여성들에게 국적을 막론하고 진심으로 사죄와 뉘우침을 표할 기회를 다시 한번 갖고자 합니다.[24]

말은 좋으나 이 사과에는 하나가 빠져 있다. 바로 배상이다. 그래서 많은 피해자들이 이것을 사과로 받아들이지 않았다. 국제적 압력이 쏟아지자 일본은 민간 기금을 구성해 보상하기로 했지만 피해자들은 이것도 받아들이지 않았다. 일본 국가의 책임이라는 것을 분명히 하기 위해 일본 정부가 직접 배상해야 한다고 생각한 것이다. 그러던 중, 20년 뒤인 2013년에 아베 신조 총리가 일본 민족주의자들의 지지를 얻기 위해 과거의 군사적 영예를 언급하며 고노 담화에 대해 문제를 제기했다. 그는 위안부가 강제로 끌려왔다는 것을 입증하는 문서화된 증거는 없다며 고노 담화를 수정해야 한다고 주장했다. 이렇게 해서 얼마 남지 않은 생존자들의 상처를 다시 헤집었다.

과거사에 대한
국가의 올바른 자세

사과는 과거사 인식의 중요한 계기가 될 수 있다. 하지만 배상이나 보상이 이뤄지지 않는다면 과거사가 유의미하게 종결될 수 없다고 보는 사람들도 있다. 희생자가 입은 손상을 회복시키는 데 필요한 금전적 보상을 비난의 책임이 있는 사람이 지불하도록 해야 한다는 것이다. 사랑하는 사람, 살아오던 터전, 자산이나 가축 또는 생계를 잃은 사람들에게 배상은 꼭 필요하다. 하지만 배상은 이론상으로는 쉬워도 실제로는 어렵다. 미안하다고 말하는 것은 돈이 안 들지만 배상은 많은 돈이 든다. 그리고 수많은 법적 분쟁과 문화적 편견, 제도적 관성이 얽혀 있다. 캐나다 정부가 1870년대에 원주민 강제 동화 정책의 일환으로 만든 '원주민 기숙학교' 생존 자들에 대한 보상이 합의되기까지 14년이 걸렸다. 미국에서는 토지를 잃은 원주민과 흑인 농민들이 2012년에 정부와 공식적으로 합의했는데, 이는 100년간의 소송이 벌어진 끝에 이뤄진 일이었다. 호주의 '도둑맞은 세대' 원주민은 이만큼 운이 좋지 못했다. 그들은 아직도 보상을 기다리고 있다. 또 르완다에서는 인종 학살로 100만 명이 숨지고 그 밖에도 수많은 피해자가 발생한 지 20년이 지났지만 정부 보상이 이뤄질 기미는 보이지 않는다. 르완다 법정이 국가가 수백만 달러를 지급해야 한다고 판결했는데도 사정이 이렇다.

독일의 전후 세대 당국자들은 홀로코스트에 대해 뉘우침을 표했고 홀로코스트 생존자와 이스라엘 국가에 보상금도 지불했다. 하지만 일부 생존자들은 보상 협상에서 제외됐다. 집시와 동성애자였다. 나치는 유대인처럼 집시도 인종적으로 열등하다고 여겼고 강제 수용소에서 학살했다. 희생자는 22만~50만 명에 이른다. 1979년에 서독 의회가 집시도 그들이 당한 고통에 대해 보상받을 권리가 있다고 공식 인정했지만 보상의 대상이 될 사람들이 거의 숨지고 난 뒤였다. 또 동성애자는 1934년부터 게슈타포의 '특별 관심 사항'이었고 수천 명이 강제 수용소에 보내졌다. 이들은 특히나 심한 학대를 받았고 동성애 '치료법'을 찾는다는 명목으로 의료 실험에도 사용됐다. 2002년에 독일 정부가 동성애자들에게 공식 사과를 하긴 했지만 금전적 보상을 위한 법적 노력은 실패했다.

"나는 나의 가족, 나의 도시, 나의 인종, 나의 국가로부터 많은 책임과 과거사의 유산, 또 정당한 기대와 의무를 물려받았다. … 나는 나 자신이 역사의 일부라고 생각한다. … 나는 과거를 기억하고 전달하려는 수많은 사람 중 한 명이다."[25]

　여기에서 철학자 알래스데어 매킨타이어(Alasdair Macintyre)는 '책임의 세대 전승성'을 말하고 있다. 국가에는 과거 정권이 저지른 불의의 유산을 바로잡고 국가 제도의 신뢰를 유지할 도덕적 책임이 있다는 것이다. 책임이 세대를 거쳐 전승된다는 시각에서 보면, 현재는 항상 과거와 엮여 있다. 국가의 과거에 대해 책임지는 사람들은 전임자의 행동이 남긴 물질적·신체적·심리적 결과를 책임지는 것이다. 그들 개인이 비난받을 일은 아니지만 국가의 지도자로서, 혹은 대표자로서 그들은 비난받을 과거사의 대리인이다. 국가가 사회적 책임을 저버렸던 과거를 제대로 직면하지 않고는 사회적 책임을 다하는 미래를 만들 수 없다. 불완전할지언정 사과와 배상은 중요한 단계이며 사과와 배상 없이는 앞으로 나아갈 수 없다.

비난이 모든 문제의
해결책은 아니다

회복적 사법에서 용서는 필수적이다. 용서는 비난하고 싶은 충동을 누르고 자신을 괴롭힌 자를 사면해주는 것이다. 여러 연구에 따르면 가해자가 뉘우침이나 회개를 보인 이후에 피해자가 용서하면 피해자가 심리적 해방감을 느낄 수 있는 것으로 나타났다. 그들의 자신감, 행복, 건강이 향상된다는 것이다.

새로운 대안:
회복적 사법

15세의 뉴질랜드 마우리족 소년 위레무는 반사회적인 태도 때문에 선생님, 부모, 친지, 마을의 걱정거리였다. 하루는 면허도 없이 어머니 차를 가지고 나가서 재미 삼아 몰다가 이웃집 담장을 들이받고 정원의 장식과 꽃나무를 온통 망가뜨렸다. 자동차도 크게 부서졌다. 하지만 위레무는 사소한 일이라는 듯 건방진 반응을 보였고 이 일을 재미있어했다.

위레무가 한 짓은 당장 경찰에 체포돼 처벌받을 만한 일이었지만, 이 일은 그렇게 처리되지 않았다. 마우리족 전통대로 '후이 와 카티아카'가 열렸다. 번역하자면 '일을 되돌리는 회의'다. 관련된 모든 사람이 모여 위레무가 자신이 저지른 일에 책임을 지도록, 그리고 할 수 있는 한 복구를 자발적으로 돕도록 독려했다. 이 회의는 비난하기 위해서가 아니라 공감하기 위해 열렸다. 모든 이가 위레무의 장점과 그가 잘했던 일, 그리고 자신의 삶에서 위레무가 얼마나 중요한 의미인지 이야기했다. 위레무의 어머니는 그 자동차에 대해 이야기했다. 구입하기 얼마나 힘이 들었는지, 그리고 그것이 생활에 얼마나 중요한 것이었는지에 대해 이렇게 설명했다. "그것은 그저 자동차가 아니라 나의 자동차였고 내가 자랑스러워하는 것이었어요." 이어 망가진 정원의 주인이 조용히 발언했다. 그 노인은 아내가 살아 있었을 때 아내와 함께 그 정원을 가꾸었고, 아내를 몹시 그리워하고 있었다. 정원의 장식은 아내가 매년 크리스마스 때 해준 특별한 선물이었다. 이야기가 끝나고 벌어진 일은 모두를 놀라게 했다.

위레무가 발언을 위해 일어났다. 그는 울고 있었다. 위레무는 이웃 노인에게 용서를 빌었다. 담장을 수리하고 꽃나무를 골라내고 정원의 장식 고치는 것을 돕겠다고 했다. … 위레무는 어머니를 안고 계속해서 사과했다.[1]

모임이 끝났을 때 울지 않는 사람이 없었다. 위레무는 약속을 지켰고 학교에서의 태도도 현저하게 나아졌다.

전통문화에서 이러한 '회복적 사법(restorative justice)'이 보인 성과는 사법 체제를 개혁하려는 사람들의 관심을 끌었다. '비난과 응보' 중심의 사법 체제에는 몇 가지 단점이 있다. 유죄라고 판명된 사람이 정작 죄책감을 느끼는지 알 수가 없고 재범을 막는 효과도 크지 않다. 무엇보다, 피해자가 필요로 하는 점이 충족되지 않는다. 이에 대한 대안 중 하나가 회복적 사법이다. 회복적 사법에서도 가해자는 비난을 받지만, 그에 대한 응징이 주된 목적은 아니다. 창피를 주거나 낙인찍는 것을 일부러 피해서 가해자가 지나친 자기 방어 태세가 되지 않게 한다. 또 가해자의 행동으로 영향을 받은 모든 사람들이 참여하도록 북돋운다.

약 100개 국가가 형사 사법 체제에 회복적 사법을 도입했고, '국제 회복적 사법 연구소', '회복적 사법 위원회', '회복적 사법과 평화 구축 센터' 같은 전문 조직도 생겨났다. 회복적 사법에는 가해자와 피해자가 함께 모이는 모임이 있다. 공식 용어는 아직 없고 회의, 협의, 중재, 모임, 위원회, 패널 등으로 불린다. 어떤 용어로 불리든 목적은 동일하다. 범죄 행위로 발생한 피해를 포용적이고 협력적인 방식으로 회복시키는 것이다. 어떤 경우에는 협의 모임이 경찰의 최초 관여 시점에 이뤄지고, 어떤 경우에는 가해자 기소와 재판 사이의 기간에 이뤄지며, 어떤 경우에는 선고 시에 이뤄지고, 어떤 경우에는 선고가 내려진 뒤에 수감 대신으로, 혹은 수감에 더해 이뤄진다. 중범죄에 적용될 때는 형사 사법 절차가 모두 끝난 이후에 협의 모임이 열리는 것이 일반적이다.

협의 모임의 기본 원칙은 누구도 강요받아서는 안 된다는 것이다. 참여는 자발적이어야 하고 숙련된 사회자가 이끌어야 한다. 교도관이나 경찰 등 위압적인 인물 앞에서는 가해자가 위축될 수 있으므로 진행자로는 대개 훈련받은 자원봉사자나 공동체에서 신망받는 사람이 선호된다. 모임이 시작될 때는 우려의 목소리도 있지만, 논의가 진행되면서 참가자들은 서로 이야기를 나누게 되고 (결과가 좋은 경우에는) 상호이해에 도달하기도 한다. 영국의 감옥에서 이뤄진 한 협의 모임에서 그런 사례가 있었다.[2] 빈집털이 범죄로 형을 선고받은 샘은 협의 모임에서 피해 가정의 대표자들과 한자리에 모였다. 모두 반원형으로 둘러앉았고 측면에 두 명의 중재자가 자리했다. 중재자가 샘에게 피터와 수의 집을 털었을 때의 상황을 말해달라고 하자 샘이 대답했다.

샘: 오전이었습니다. 시내로 갔었어요.… 당신의 집을 지금도 머릿속에 그려볼 수 있습니다. … 뒤로 들어가서 머리만 응접실 문으로 들이밀고 둘러보았습니다. 그리고 위로 올라가서 안방으로 들어갔어요. 아무렇지도 않게 할 수 있는 일은 아니었어요. 정말로 당황스러운 일이었어요. 누군가의 성소에 들어간다는 것 말이에요. 동전 몇 개와 회원 카드, 작은 사진 목걸이를 가지고 나왔어요. 그 목걸이가 나를 무너뜨렸습니다.

수: (눈에 띄게 화가 나서) 우리는 장례식장에 갔었어요. 돌아와 보니 무슨 일이 있었다는 것을 즉시 알겠더군요. … 이제 우리는 집에 오는 게 두려워요. … 도둑이 또 오면 어쩌나 싶어서요. 한번은 아래층에 혼자 있었는데 내 집에서조차 안전하다고 느껴지지 않았죠. 나는 일곱 살짜리 딸을

재울 때 매일 밤 거짓말을 해야 해요. 아이가 무서워서 잠을 잘 자지 못하거든요. 누군가가 방에 들어왔다는 건 우리에게 단지 자산에 대한 침입이 아니에요. 심리적으로 큰 영향을 미치는 일이에요. 이건 그런 종류의 침입이었어요. 끔찍하게 무서운 생각을 하게 되죠.

샘: 그 상황은… 나는 아주 많은 이름을 가지고 있었어요. … 수배 중이라면 그렇지요. … 감옥에서는 자유를 잃습니다. … 나는 자유가 있었지만 이름이 없었어요. … 당신의 삶에 나쁜 영향을 끼쳐서 미안합니다. 그것이 아직까지 영향을 미치고 있다니 미안합니다. 나는 아주 상세한 것까지 기억나는 저주에 시달리고 있어요. 방금 말씀하신 것은 내게 큰 영향을 미쳤습니다. 나는 내가 자유롭고 편하고 괜찮은 사람이라고 스스로를 속였어요. … 나는 내 인생을 완전히 망쳤습니다. 다른 사람 인생도 망가뜨렸고요.

피해자들은 샘이 그들의 집에 들어온 상황과 샘이 어떻게 느끼고 있는지를 들었다. 다들 그가 뉘우치고 있다고 확신했고 앞으로는 그런 일을 하지 않겠다는 그의 결심에 좋은 인상을 받았다. 회의가 끝나갈 즈음에는 모두가 안도한 것 같았고 다들 샘을 용서하고 싶어 하는 것 같았다. 한 피해자는 이렇게 말했다.

당신은 정말 용기 있고 솔직하군요. 당신은 많은 장점이 있어요. 자신을 계속 학대하면 새로운 인생으로 나아갈 수 없어요. 나는 당신을 용서하겠어요. 이제 당신의 인생을 사세요. 죄책감은 끔찍한 것이지요. 당신은 사과를 했어요. 이제 앞으로 나아가세요. 당신은 분명히 똑똑한 사람이에요. 많은 수감자들이 이런 자리를 회피해버렸을 텐데 말이에요.

모든 협의 모임이 이렇게 잘 진행되는 것은 아니다. 미국 중서부에서 있었던 한 모임은 가해자(청소년이었다)가 피해자에게 사과 편지를 써서 읽도록 요구했다. 너무 어려운 과제였다. 많은 사람이 편지를 쓰는 것도, 그것을 소리 내어 읽는 것도 익숙하지 않아서 매우 어색해했다. 몇몇 피해자는 이렇게 말했다.

음, 솔직히 말하면 다들 이렇게 생각하는 것 같았어요. 그가… '쓰라고 해서 썼고 이제 읽어보겠다'고 하는 것 같다고 말이에요.

댄은 자신이 대충 쓴 편지를 읽기 시작했어요. '대충 썼다'고 표현해서 미안하지만, 그의 편지는 진심처럼 들리지가 않았어요. 정말 진심을 담은 내용이라고 여겨지지 않았어요.[3]

어려운 점도 있지만 회복적 사법이 보여준 성과는 고무적이다. 전통적인 응보적 사법에 비해 가해자의 재범률이 낮고, 피해자가 보복이나 비난을 하고 싶어 하는 마음도 훨씬 줄어든 것으로 나타났다. 회복적 사법은 피해자가 외상 후 스트레스 장애와 같은 심리적 상처를 극복하는 데도 도움을 준다.[4] 회복적 사법에는 비용이 들지만, 회복적 사법 지지자들은 (종종 가해자가 법의 심판을 받게 하는 데 실패하곤 하는) 법정 출석 비용과 수감 비용이 줄어드는 것을 고려하면 충분히 상쇄된다고 주장한다.

학교에서의
회복적 사법

학생 수가 많고 학생들의 교칙 위반이 잦아 고전하는 학교 중에는 중대한 위반에 대해 무관용 정책을 적용하는 곳이 많다. 학교에 무기가 될 만한 물건을 가지고 온다든지, 성폭력을 저지른다든지, 약물을 판매하는 등의 행위가 적발되면 즉각 퇴학이나 정학 조치가 내려진다. 무관용 원칙은 심각하지 않은 위반으로도 확대돼왔다. 옷을 규정에 안 맞게 입거나, 수업 시간에 뭘 먹거나, 지각을 하는 등 폭력적이지 않은 위반 사항에도 적용되는 사례가 많아졌다.[5] 미국의 어느 유치원은 클립, 장난감 총, 기침 물약을 가지고 오면 원생을 집에 돌려보낸다.[6] 무관용 원칙을 지지하는 사람들은 이러한 엄격함이야말로 무관용 원칙의 강력한 장점이라고 본다. 비난받아 마땅한 일에 비난이 가게 하고 규칙을 어긴 사람은 타협 없는 결과를 감수하게 만든다는 것이다.

하지만 학교에서 학생을 받아들이지 않는 것은 소수자에 대한 차별이라는 지적도 있다. 학생의 교육과 발전에 장애가 될 수 있는 낙인을 찍고 분노의 긴 흔적을 남기게 된다는 것이다. 또 폭력이나 약물 사용은 정학이나 퇴학이 그 행위를 막는 데 효과가 없기 일쑤다. 오히려 학교에서 감옥으로 이어지는 경로가 되기 쉽다.[7] 이런 문제에 대응하기 위해 학교에 회복적 사법을 도입하려는 시도가 생겨났다.[8]

샌프란시스코 교육 당국은 2009년에 회복적 사법 프로젝트를 시작했다. 도둑질, 반항, 싸움 등 이전 같으면 퇴학당할 수 있는 사유에 대해 학생이 교사와 부모의 도움으로 해결책을 찾아나가도록 했다. 또 사태가 걷잡을 수 없게 되기 전에 당사자들이 서로 이야기하며 상황을 꼼꼼하게 짚어보고 사과하도록 독려했다. 3년 뒤 프로젝트에 대한 평가 결과 교육구 전역에서 퇴학률은 평균 44퍼센트, 정학률은 35퍼센트 떨어졌다. 처벌은 교칙 위반에 대한 최초 대응이 아니라 최후 대응이 됐다. 이는 교원과 학생 모두에게 커다란 문화적 변화였다.

교장: 전에는 으레 가장 빠른 길을 택했어요. 학생의 행동이 규칙에 맞지 않으면 정학을 당했죠. 학생의 행동을 처음부터 끝까지 쭉 생각해보거나 그것이 그 학생에게 교육적으로 좋은 결정인지 등은 묻지 않았어요.

학생: 선생님이 소리를 지르지도, 누군가를 교실 밖으로 쫓아내지도 않아요. 그 대신 모두 동그랗게 둘러앉아서 어떻게 문제를 해결할지 이야기해요. … 대개는 지루하지만 모두가 화를 내는 것보다는 나아요. 집에서는 화부터 내거든요.[9]

2004년에 수행된 한 연구에서는 영국 9개 학교에서 열린 625개의 협의 모임을 분석했다. 협의 모임이 소집되는 사유는 괴롭힘, 따돌림, 폭력, 비방, 언어폭력, 집안의 불화, 깨진 인간관계, 도둑질, 악성 가십 등이었다. 연구 결과, 협의 모임이 대체로 성공적인 합의를 이끌어낸 것으로 나타났다. 3개월 뒤에 협의가 깨진 경우는 4퍼센트 정도에 불과했다. 처음에는 미심쩍어하던 부모들도 점차 회복적 사법을 신뢰하게 됐고 교사들도 대부분 결과에 만족스러워했다.

주임 교사: 우리 학교 학생 두 명이 지난주에 어느 초등학교의 기물을 파손했어요. 협의 모임에서 그 학생들과 초등학교 교직원이 함께 모였습니다. 사과가 이뤄졌고 어떻게 보상할 것인지에 대한 합의도 이뤄졌어요. 이것은 매우 효과가 큽니다.[10]

학생들 대부분은 협의 모임이 공정했으며 부글거리는 화와 앙심을 누그러뜨리는 데 도움이 됐다고 생각했다.

우리는 사실을 말했어요. 그 자리에 모인 사람 모두가 다른 사람이 하는 말을 경청했기 때문에 사실을 말하지 않을 수 없었어요. 나는 내가 거짓말을 하지 않아서 기뻐요. 결국에는 다 들통나니까요.

우리 입장을 충분히 말할 기회가 주어졌어요. 어른들도 중간에 끼어들지 않고 얘기를 들어줬어요. 인간으로서 존중받는다고 느꼈어요. 아이 취급을 받으며 이래라저래라 말을 듣는 게 아니고요.

학교에 회복적 사법이 도입된 이후 현재까지 보인 결과는 고무적이다. 회복적 사법을 도입한다고 해서 무관용 원칙을 완전히 버려야 한다는 말은 아니다. 어떤 학교는 성폭력이나 심각한 신체적 상해에 대해서는 엄격하게 선을 긋는다. 하지만 어떤 학교는 어떤 범죄이든지 간에 학생들이 되도록이면 형사 사법 체계로 넘겨지지 않게 하려고 애쓴다.[11]

회복적 사법을 진지하게 생각하는 학교라면 훈육에 대한 통념에 도전하는 문화적 전환 또한 함께 시도하고 있을 것이다. 특히 '교사란 강한 통제력을 가지고 엄하게 잘잘못을 따져서 처벌을 내리는 존재'라는 통념에 도전해야 한다. 그러려면 교사에 대한 지원과 교육이 꼭 필요하다. 협의 모임을 준비하고 진행하는 데 시간이 많이 소요되므로 교사들의 빡빡한 일정에 어려움이 따를 수 있다. 그러므로 순조로운 도입을 위해서는 구조 조정과 업무 분담이 필요하다.

직장에서의
회복적 사법

직장에 회복적 사법을 도입하는 것은 학교에 회복적 사법을 도입하는 것에 비해, 혹은 일반 형사 사법 체제에 비해 주목을 덜 받는다. 하지만 직장 내에서 상호 비난의 악순환을 막고 괴롭힘과 차별을 방지하는 수단으로 점점 더 진지하게 고려되고 있다.[12] 한 회복적 사법 컨설턴트는 직장 내에서 개인 간 분쟁을 해결하는 데 회복적 사법이 도움이 된 사례를 다음과 같이 설명했다.

제인과 리처드는 큰 기업의 본사에서 일하고 있었다. 둘 사이에는 의견 충돌과 몇 가지 작은 사건이 있었는데 시간이 지나면서 팀이 갈라질 정도로 문제가 커졌다. 그들은 상대의 일 처리를 다른 동료들 앞에서 비난했다. … 회사 대표가 참석한 공개회의에서 둘이 싸우면서 상황이 최악으로 치달았다. 이 일이 상사에게 통보됐고, 회사는 그들에게 협의 모임에서

이 일에 대해 논의할 기회를 주기로 했다. … 협의 모임은 각자 자신의 의견을 피력하고, 상대방의 이야기를 들으며, 상대방과 조직에 끼친 피해를 깨닫게 하는 자리였다. 모임 결과 이들은 그런 행동을 하지 않기로 했고, 각자의 결점을 보완하기 위한 개인 계획을 제출했으며, 그 준수와 진전에 대해 단계적으로 검토하기로 했다.[13]

어떤 직장인은 회복적 사법의 과정을 비교적 수월하게 따르는 반면, 어떤 직장인은 더 힘들어한다. 헐 대학교의 사이먼 그린(Simon Green) 교수 연구팀은 그런 차이가 생기는 이유를 알아보기 위한 연구를 했다. 영국의 한 도시에서 공동체 사업을 담당하는 사람들을 대상으로 회복적 사법과 협의 모임이 진행되는 양태를 조사했다(회복적 사법을 도시 전반에 광범위하게 도입하기 위해 시도한 큰 프로젝트의 일환이었다).[14] 고객과 대면하는 업무를 담당하는 사람들은 감정을 다루는 일에 이미 익숙하기 때문에 협의 모임에 금세 적응했다. 모임에 대한 신뢰가 높아지면서 협의 모임은 지각이나 결근, 업무 과중, 계약 등과 관련한 일에 적용됐고 공식적인 고충 처리 절차에 의지하는 경우는 줄어들었다.

어려운 상황을 열린 방식으로 말할 수 있게 됩니다. 자신의 입장을 말하고, 또 다른 이의 이야기를 들으면, 서로의 의견 차이를 받아들이자고 합의할 수 있게 되지요.[15]

이것은 우리가 일하는 방식을 바꾸었습니다. 이제는 사람들과 더 많이 이야기를 하면서 행위나 문제의 진짜 이유를 논의하는 데 더 치중할 수 있기 때문입니다.[16]

하지만 소통의 기술에 대한 경험이나 훈련을 쌓지 못한 사람들은 회복적 사법에 적응하는 것을 힘들어했다. 이들은 회복적 사법을 '또 하나의 경영 유행'으로 치부하는 경향을 보였고 협의 모임에서 맡게 되는 익숙하지 않은 역할 때문에 고전했다.

경영자: 많은 사람들이 스스로를 설명할 능력이 없었습니다. 그래서 화를 내거나 상대를 모욕하기 시작했습니다. 정말로 전하고 싶은 말을 말로 표현하지 못한 거죠. 심지어 논쟁에서 지는 것 같다고 생각되면 벌떡 일어나 나가버리곤 했습니다. 다르게 대처하는 법을 배우지 못했기 때문입니다.[17]

요약하자면 일터에서의 회복적 사법은 테크닉을 모아놓는다고 되는 것이 아니다. 이것은 인간관계에 대해 생각하고 느끼는 방식이며, 갈등을 해결하는 방식이다. 비난을 받을 때면 즉각 자기방어에만 집중하도록 훈련된 사람들에게는 매우 낯설 수 있다. 실제로, 그리고 아이러니하게도, 형사 사법 체계에는 회복적 사법의 도입이 증가하는 추세인데도 정작 경찰 조직에 회복적 사법이 도입되자 경찰들은 적응하느라 고전했다.[18] 경찰 업무에 대해 시민의 민원이 제기될 때 회복적 사법 절차를 거치게 하자 많은 경찰관이 불편해했다. 그들은 자신이 다그침을 당하고 통제력을 잃었다고 느꼈다. 협의 모임의 결과는 명목뿐인 것에 불과하기 일쑤였고, 경찰들은 제기된 불평에 대해 사과하기를 꺼렸다. 하지만 이 프로그램을 평가한 공식 보고서는 그런 문제가 있더라도 가능하다면 공식적인 민원 처리 제도를 밟는 것보다는 독립적인 중재자가 있는 자리에서 민원인과 얼굴을 맞대고 해결책을 찾아나가는 회복적 사법에 우선순위를 두도록 조언하고 있다. 이를 통해 경찰에 대한 대중의 신뢰도를 높이기 위한 문화적 변화를 이룰 수 있다는 것이다.[19]

결코 용서가 불가능한
경우도 있다

'진실과 화해 위원회'는 회복적 사법의 가장 대담한 형태라고 볼 수 있다. 진실과 화해 위원회는 내전과 인권 침해를 거치면서 공동체를 갈가리 찢은 비통, 만성적 비난, 고통을 직접 대면한다. 가장 깊은 상처까지 치유하고자 시도하고 공동체가 발전할 수 있도록 돕는다. 가해자와 피해자에게 그들이 끼치고 당한 고통과 상처에 대해 솔직한 심정을 이야기할 기회를 주고, 가능하다면 어느 정도 화해와 평화를 일굴 수 있는 장을 제공한다. 이 과정은 가해가 벌어졌던 시대를 목격한 사람, 용서를 권고해도 될 만큼 신망이 높은 사람이 이끄는 것이 일반적이다.

시에라리온, 페루, 과테말라, 모로코, 라이베리아, 솔로몬제도 등에서 진실과 화해 위원회가 구성됐다. 하지만 가장 많이 이야기되는 것은 남아프리카 공화국이다. 상처를 째고 고름을 빼내 그 상처를 치유하듯이 아파르트헤이트의 상처를 치유하고 모두를 포용하는 민주주의로 국가가 발전하게 할 목적으로 1996년에 시작됐다. 위원회를 이끈 사람은 데스몬드 투투(Desmond Mpilo Tutu) 대주교였다. 그는 기독교 안팎에서 높은 도덕적 권위를 가지고 있었다. 투투 대주교는 가해자가 죄를 인정하고 뉘우쳐야만 희생자가 상처를 딛고 일어나 용서의 고통을 감내할 수 있다는 신학적 관점을 가지고 있었다. 또 회개와 용서는 공동체를 풍성하게 하고 타자와 함께 살아갈 수 있는 근본적인 방식을 제공할 것이라고 생각했다. 이와 같은 관점이 남아프리카 공화국 진실과 화해 위원회의 저변이 됐다.

남아프리카 공화국의 진실과 화해 위원회는 성공적이었다고 평가된다.[20] 많은 사람을 놀라게 한 후회와 고백이 이뤄졌다. 아파르트헤이트 당시 경찰 대장이던 유진 드 콕(Eugene de Kock)이 대표적이다. 드 콕은 남아프리카 공화국 정부의 악명 높은 암살단 '블랙 플라스'를 이끌면서 빈틈없는 일 처리로 '대악마'라는 별명을 얻었다. 표적을 살해하고 나면 시신을 태우고 유해를 뿌려 모든 증거를 없앴다. 그는 학생 활동가들을 '한 팔의 강도들'이라고 불렀는데, 학생 활동가들의 몸에 수류탄을 설치하고 폭발시켜서 목숨을 잃거나 팔다리가 잘리게 만들었다. 드 콕은 진실과 화해 위원회에서 아래와 같이 뉘우침을 표현했다.

블락플라스는 가장 귀한 선물을 낭비했습니다. 바로 생명입니다. … 희생자의 가족에게 정말로 사죄드리고 싶습니다. 내가 태어나지 않았더라면 좋았겠다고 생각하기도 했습니다. 내가 스스로 얼마나 불결하다고 느끼는지 말로 표현하기 어렵습니다. 나는 경찰이 되지 말았어야 했습니다. 블락플라스는 아무것도 이루지 못한 채 후대에 증오만을 남겨놓았습니다. 부모가 누구인지 영원히 모를 아이들이 있습니다. 나는 이 무게를 평생 가지고 가야 할 것입니다. 나는 내 얘기를 잘 하지 않으며 감정을 드러내는 것을 좋아하지 않습니다. 하지만 나로 인해 희생당한 사람들이 마치 나의 자식인 것처럼 아픔을 느낍니다. 이것이 내가 말할 수 있는 전부입니다.[21]

그의 발언은 많은 흑인 청중에게 박수를 받았다. 남아프리카 공화국 언론은 이것을 놀라운 진전이라고 보도했다. 희생자들과 가족들은 그가 잘못을 인정한 것을 높이 평가했고, 어떤 사람들은 그에 대한 오랜 증오가 사라지기 시작했다고 말했다. 하지만 모든 사람이 설득된 것은 아니었다. 그들의 혐오는 너무나 뿌리 깊었다. 어떤 이는 그가 유죄를 선고받을 때까지도 거만한 태도였다고 말했다. 그러더니 유죄를 받고 나서 갑자기 '전략을 바꾸어서 뉘우치지 못해 안달난 사람이 됐다'는 것이었다.[22]

자신을 학대한 사람과 마주하려면 매우 큰 용기가 필요하다. 남아공 경찰에게 학대당한 적이 있는 탄디 셰지(Thandi Shezi)의 지인들도 이 사실을 잘 알고 있었다. 그래도 이들은 셰지가 진실과 화해 위원회에 참여하도록 설득했다. 그러면 셰지가 오래도록 자신을 괴롭혀온 악마로부터 벗어날 수 있을 것이라 생각했기 때문이다. 셰지는 경찰에게 학대당한 끔찍한 고통을 오래도록 말하지 못했다. 경찰은 반(反)아파르트헤이트 단체에 참여했다고 셰지를 체포해서 반복적으로 구타, 강간, 전기 고문을 하고 독방에 1년이나가두었다. 진실과 화해 위원회에서 셰지는 두려움에 떨며 가해자와 맞닥뜨렸다. 셰지는 가해자가 자신이 한 일을 인정할 것이라고기대했고, 그랬더라면 용서할 마음이 생길 수도 있었다. 그런데 결과는 뜻밖이었다. 가해자는 셰지를 알아보지 못했다. "바로 당신이흑인 경찰더러 내 머리에 자루를 뒤집어씌우라고 말했다고요! 당신이 바로 그 사람이라고요!" 셰지는 좌절해서 부르짖었다. 하지만 그는 기억이 안 난다고 대답했다.[23]

회복적 사법에 용서는 필수적이다. 또 용서는 거의 모든 종교에서 찬미하는 미덕이다. 용서는 비난하고 싶은 충동을 누르고 자신을 괴롭힌 자를 사면해주는 것이다. 여러 연구에서 가해자가 뉘우침이나 회개를 보인 이후에 피해자가 용서하면 피해자가 심리적해방을 느낄 수 있는 것으로 나타났다. 그들의 자신감, 행복, 건강이 향상된다는 것이다.[24]

하지만 어떤 경우에는 용서가 불가능하다. 심리학자들은 용서하지 않는 경우에 피해자가 겪게 되는 감정적 비용을 이야기하곤한다. 풀리지 않는 분노가 피해자에게 계속해서 고통을 준다는 것이다. 그런데 이 규칙의 예외는 잘 언급되지 않는다. '용서 불가능성'을 고수하는 것이 늘 그렇게 부정적인 결과만을 가져오는 것은 아니다. 심리학자 진 세이퍼(Jeanne Safer)에 따르면, 가해자를 '도덕적으로 결코 용서할 수 없다'고 생각하는 사람들은 물론 풀리지 않는 분노를 갖게 되지만 그것을 자신이 겪은 일이 다시 벌어지지 않도록 현세대의 범죄와 싸우는 데 사용한다.[25] 이들의 '용서하지 않음'은, 어떤 가해자들은 결코 화해나 타협이 이뤄져서는 안 될 악행의 상징임을 보여준다. 절대로 넘어서는 안 될 도덕적 선이 있음을 보여준다. 그리고 인간의 존엄을 부인하는 사람에게는 평화가 있어서는 안 됨을 보여준다. 나치 생존자인 엘리 비젤(Elie Wiesel)은 '용서 불가능성'에 대해 이렇게 말했다. "나는 나 스스로가 살인자들을 결코 용서하지 않기를 바랍니다. 나는 신이 그들을 용서하지 않기를 바랍니다. 그들이 아이들에게 한 일에 대해 용서받지 못하기를 바랍니다. 절대로."[26]

건강한 비난은
잘못과 불의를 바로잡는 시작이 될 수 있다

사람은 누구나 여러 번 좌절할 수 있다. 그러나 남을 탓하면서 노력을 멈춰버린 게 아니라면 아직 실패한 것은 아니다.

-존 버로스(John Burroghs), 미국 자연주의자

비난이 아무 역할도 하지 않는 세계를 그리며 비난에 대한 책을 마무리할 수 있으면 좋으련만, 이것은 매력적인 환상이기는 하되 핵심을 놓치는 것이다. 비난이 꼭 나쁜 것만은 아니다. 비난은 잘못과 불의를 바로잡는 시작이 될 수 있다. 넘지 말아야 할 선에 대한 경고가 될 수도 있다. 권력을 가진 기업, 정부 등이 설명 책임을 다하게 만드는 수단이 될 수도 있다. 비난은 도덕의 관리자이고, 비난이 없으면 법치와 준법의 본질이 훼손된다. 누구를 비난할 수도, 누구로부터 비난받을 수도 없는 사회에서는 적법성이라는 것

이 문화적 기반을 가질 수 없다. 비난은 사라지지 않을 것이고 사라져서도 안 된다.

비난의 문제는 비난 자체에 있는 게 아니라 비난이 왜곡되고 남용된다는 데 있다. 비난 게임에서는 자기방어의 심리가 공감을 압도한다. 자부심, 소유욕, 자기 권위 확장 등은 인간 본연의 욕구지만, 비난은 이를 넘어서 권력이나 지지를 얻기 위한 정치적 수단으로 악용될 수 있다. 민족, 인종, 성별, 종교, 국가 등을 비하하는 데 쓰일 수도 있다. 비난 경쟁에서 우위를 점하기 위해 비난이 증폭되기도 한다. 또 비난에 감정이 실리면 배우자나 친구와 멀어질 수도 있고 국가를 분열시킬 수도 있다. 비난은 온갖 안 좋은 의도의 원천이다.

비난의 언어에 의지하기는 쉽다. 너무나 쉽다. 누군가를, 혹은 어느 집단을 비난하면 문제는 단순해진다. 그러면 문제를 일으킨 상황의 복잡성이 간과된다. 이러한 방식의 비난이 일상에 널리 퍼지면 비난은 변별력을 잃게 된다. 책임을 전가하거나 스스로를 정당화하는 데 치중하게 되고, 변화를 일으킬 기회를 닫아버린다. 모든 사람이 타인을 비난하면, 계속되는 불화와 갈등 이외에는 선택지가 별로 남지 않게 된다.

이 중 어느 것도 쉽게 사라지지는 않을 것이다. 하지만 그렇다고 이런 것이 본능적 충동이어서 어쩔 수 없다거나, 비난의 충동을 제한하고 비난의 흐름을 바람직한 방향으로 돌리는 구조를 만들 수 없다는 의미는 아니다. 말하는 방식을 바꾸는 것이 도움이 될 수 있다. 우리가 어떻게 말하는지는 우리가 어떻게 행동하고 다른 이들이 어떻게 반응하는지에 영향을 미친다. 곤란한 점이나 서로 간의 책임에 대해 이야기하고 문제를 공유하면 감정에 휩싸여 서로를 비난하는 상황을 피할 수 있을 것이다. 특히 희생양을 만드는 악질적인 관행에서 벗어나게 될 것이다. 지도자나 교육자는 사람들이 하나 이상의 다양한 관점에서 상황을 이해하도록 독려하고 상대방을 판단하기 전에 한발 물러서서 살필 수 있도록 해야 한다. 또 비난 게임에서 벗어나야 하고 악마화에 나서는 언론 보도를 조심해야 한다.

많은 기관이 의도적이든 아니든 비난을 이용한다. 하지만 비난 문화와 비윤리적 활동은 불가피한 것이 아니다. 비난 문화는 걱정과 두려움을 일으키는 체제의 산물이다. 이런 체제에서는 감시에 집착하고 비방이나 지적이 통제의 수단으로 활용된다. 내부 고발자를 조직의 배신자가 아니라 자산으로 보고, 보복보다는 회복에 방점을 두며, 협업과 신뢰를 촉진하는 지도자는 이런 문화에서 벗어나는 변화를 이끌 수 있다.

마지막으로, 우리는 비난이 일으킨 피해와 상처를 회복하는 데도 힘써야 한다. 회복적 사법이 확산되는 것은 고무적이다. 그리고 과거사도 포함해 잘못에 대해 적절하고 진심 어린 사과를 하면 상처를 달래고 치유하는 과정의 출발점이 될 수 있을 것이다.

주석

1부 | 우리는 왜 다른 이를 비난하는가?

1: 비난이 일상이 된 사회

1. Human Rights Council, Twelfth session, Agenda item 4, 'Human Rights Situations that Require the Council's Attention' (7 September 2009), p. 2.

2. Sujeet Kumar, 'Gang Blinds Indian Woman, Accused of Witchcraft, with Scissors', Reuters (21 May 2011).

3. Mark Oppenheimer, 'On a Visit to the U.S., A Nigerian Witch-hunter Explains Herself', *New York Times* (21 May 2010).

4. 'Witchcraft-based Child Abuse: Action Plan Launched', BBC News (14 August 2012); Antonia Simon, Hanan Hauari, Katie Hollingworth, and John Vorhaus, 'A Rapid Literature Review of Evidence on Child Abuse Linked to Faith or Belief', CWRC Working Paper, 15 (2012).

5. James G. Frazer, *The Golden Bough: A Study in Magic and Religion* (London, 1920), vol. 12, Part 15.

6. 기원전 6세기 시인 히포낙스(Hipponax)에 따르면 그렇다.

7. Betty M. Adelson, *The Lives of Dwarfs: Their Journey from Public Curiosity Towards Social Liberation* (New Brunswick, NJ, 2005), p. 10.

8. 'I am the Office Scapegoat: I Loathe Going to Work...', www.officepolitics. com (2014년 3월 1일에 접속함).

9. 'Bullying at Work', European Agency for Safety and Health at Work Fact Sheet 23, 2002; 'Results of the 2010 WBI U.S. Workplace Bullying Survey', www.workplacebullying.org (2014년 5월 23일에 접속함).

10. Kurt Schimmel and Jeananne Nicholls, 'Workplace Cyber Bullying: A Research Agenda', 다음에 수록됨. *Bullying in the Workplace: Symptoms, Causes and Remedies*, ed. J. Lipinski and L. M. Crothers (London, 2013), pp. 223~234.

11. Heather McLaughlin, Christopher Uggen and Amy Blackstone, 'Sexual Harassment, Workplace Authority, and the Paradox of Power', *American Sociological Review*, LXXVII/4 (2012), pp. 625~647.

12. Carl G. Jung, *The Archetypes and the Collective Unconscious* (London, 1968).

13. Dorothy Haller, 'Bastardy and Baby Farming in Victorian England', *Student Historical Journal* (Loyola University), 21 (1990), n.p. www.loyno.edu.

14. 다음을 참고하라. Leontine R. Young, 'Personality Patterns in Unmarried Mothers.' 다음에 수록됨. *The Unwed Mother*, ed. R. W. Roberts (York, 1996), pp. 81~94. 런던 타비스톡 클리닉(Tavistock Clinic) 소장 존 볼비

는 혼외 출산한 아기를 생모가 앓는 신경증의 증상이라고 볼 수 있다며 생모에게 정신 질환과 정신적 결함이 있다는 뜻이라고 결론 내렸다.

15. 다음에서 발췌. 'Senate Inquiry into Forced Adoptions Release Report', www.aph.gov.au (2013년 4월 13일에 접속함).

16. Alison Park, J. Curtice, K. Thomson, M. Phillips, E. Clery and S. Butt, eds, *British Social Attitudes: The 26th Report* (London, 2010).

17. 다음을 참고하라. Rich Morin, 'The Public Renders a Split Verdict on Changes in Family Structure', Pew Research Social and Demographic Trends (Washington, 2011); Pat Thane and Tanay Evans, *Sinners? Scroungers? Saints? Unmarried Motherhood in Twentieth-century England* (Oxford, 2012).

18. E. Kouichi, 'Shirayanagi Spokeswoman Souad Abderrahim: Single Mothers are a Disgrace to Tunisia', www.tunisia-live.net, 9 November 2011.

19. Shveta Kalyanwala, Francis Zavier, Shireen Jejeebhoy and Kumar Rajesh, 'Abortion Experiences of Unmarreid Young Women in India: Evidence from a Facility-based Study in Bihar and Jharkhand', *International Perspectives on Sexual and Reproductive Health*, XXXVI/2 (2010), pp. 62~71.

20. Fritz Heider, *The Psychology of Interpersonal Relations* (London, 2013); Kelly G. Shaver, *The Attribution of Blame: Causality, Responsibility, and Blameworthiness* (New York, 1985).

21. 다음을 참고하라. Roy Baumeister and Katheleen Vohs, 'Four Roots of Evil'. 다음에 수록됨. *The Social Psychology of Good and Evil*, ed. Arthur G. Miller (New York, 2004), pp. 85~101; Roy Baumeister, *Evil: Inside Human Violence and Cruelty* (Oxford, 1999).

22. Amy Grubb and Julie Harrower, 'Understanding Attribution of Blame in Cases of Rape: An Analysis of Participant Gender, Type of Rape and Perceived Similarity to the Victim', *Journal of Sexual Aggression*, XV/1 (2009), pp. 63~81.

23. Charles Darwin, *The Descent of Man* (New York, 1871), p. 157.

24. Barbara Kellerman, 'Leadership Warts and All', *Harvard Business Review*, LXXXII/1 (2004), pp. 40~45; Daniel R. Schwarz, *Endtimes? Crises and Turmoil at the New York Times* (New York, 2012).

25. Ransdell Pierson, *The Queen of Mean: The Unauthorized Biography of Leona Helmsley* (New York, 1989); Ronald H. Jensen, 'Reflections on United States v. Leona Helmsley: Should "Improssibility" Be a Defense to Attempted Income Tax Evasion?', *Virginia Tax Review*, XII/335 (1992), pp. 335~396. 다음도 참고하라. 'Leona Helmsley Biography', www.biography.com (2014년 4월 9일에 접속함).

26. Keith Wagstaff, 'Why So Many Russians Still Love Stalin', *The Week* (5 March 2013).

27. Annabel Venning, 'How Picasso Who Called All Women Goddesses or Doormats Drove His Lovers to Despair and Even Suicide with His Cruelty and Betrayal', *MailOnline* (7 March 2012).

28. Martin Niemöller, 'First They Came'. 이 시의 정확한 출처는 확실하지 않지만 캘리포니아 대학교 해럴드 마커스(Harold Marcuse) 교수는 1946년에 나왔을 가능성이 크며 1950년대 초에는 현재와 같이 잘 알려진 운문 형태로 자리 잡았을 것이라고 본다. 다음을 참고하라. 'Martin Niemöller's Famous Quotation', www.history.ucsb.edu, 28 February 2013.

29. Victoria Barnett, *Bystanders: Conscience and Complicity during the*

Holocaust (Westpost, CT, 1999).

30. Gene Currivan, 'Nazi Death Factory Shocks Germans on a Forced Tour', *New York Times* (18 April 1945), pp. 1, 8.

31. Tiziana Pozzoli and Gianluca Gini, 'Why do Bystanders of Bullying Help or Not? A Multidimensional Model', *Journal of Early Adolescence*, XXXIII/3 (2013), pp. 315~340.

32. Maureen Scully and Mary Rowe, 'Bystander Training Within Organizations', *Journal of the International Ombudsman Association*, II/1 (2009), pp. 1~9; Karen Mitchell and Jennifer Freitag, 'Forum Theatre for Bystanders: A New Model for Gender Violence Prevention', *Violence Against Women*, XVII/8 (2011), pp. 990~1013.

33. Dacher Keltner and Jason Marsh, 'We Are All Bystanders', *Greater Good* (1 September 2006).

34. Max Hastings, 'Years of Liberal Dogma Have Spawned a Generation of Amoral, Uneducated, Welfare Dependent, Brutalised Youngsters', *Daily Mail* (10 August 2011).

35. Samuel Johnson, *A Journey to the Western Islands of Scotland* (Dublin, 1775), chapter 2, p. 7.

36. Frank H. Stewart, *Honor* (Chicago, 1994).

37. Patricia Mosquera, Anthony Manstead and Agneta Fischer, 'Honor in the Mediterranean and Northern Europe', *Journal of Cross-cultural Psychology*, XXXIII/1 (2002), pp. 16~36.

38. Stephen Wilson, *Feuding, Conflict, and Banditry in Nineteenth-century Corsica* (Cambridge, 2003).

39. United Nations Population Fund, 'Ending Violence against Women and Girls'. 다음에 수록됨. *State of the World Population* (New York, 2000), chapter 3.

40. James Bowman, *Honor: A History* (New York, 2007), pp. 5~6.

41. Christian Smith, Kari Christoffersen, Hilary Davidson and Patricia Herzog, *Lost in Transition: The Dark Side of Emerging Adulthood* (Oxford, 2011), p. 28.

2: 언제, 어디에나 희생양은 존재한다

1. Stanley Cohen, *Folk Devils and Moral Panics: The Creation of the Mods and the Rockers* (Oxford, 1972), p. 29.

2. Robert Hughes, *The Fatal Shore* (London, 2003), p. 27.

3. Trevor Cullen, 'HIV/AIDS: 20 Years of Press Coverage', *Australian Studies in Journalism*, XXII (2003), pp. 63~82.

4. Jenny Kitzinger, 'A Sociology of Media Power: Key Issues in Audience Reception Research'. 다음에 수록됨. *Message Received*, ed. G. Philo (Harlow, 1999).

5. Klaus Neumann and Gwenda Tavan, Does History Matter? *Making and Debating Citizenship, Immigration and Refugee Policy in Australia and New Zealand* (Canberra, 2009).

6. Ceri Mollard, *Asylum: The Truth Behind The Headlines* (Oxford, 2001).

7. Kerry Moore, Paul Mason and Jutin Lewis, *Images of Islam in the UK: The Representation of British Muslims in the National Print News Media, 2000-2008* (Cardiff, 2008).

8. Melanie Phillips, *Londonistan* (New York, 2007).

9. 'Muslim-Western Tensions Persist', *Pew Global Attitudes Project* (Washington, DC. 2011); Henri Nickels, Lyn Thomas, Mary Hickman and Sara Silvestri, 'Constructing "Suspect" Communities and Britishness: MappingBritish Press Coverage of Irish and Muslim Communities, 1974-2007', *European Journal of Communication*, XXVII/2 (2012), pp. 135~151.

10. Christopher Bail, 'The Fringe Effect Civil Society Oganizations and the Evolution of Media Discourse about Islam Since the September 11th Attacks', *American Sociological Review*, LXXVII/6 (2012), pp. 855~879, 869.

11. Nahid Kabir, 'Representation of Islam and Muslims in the Australian Media', *Journal of Muslim Minority Affairs*, XXVI/3 (2006), pp. 313~328.

12. Abu Dhabi Gallup, 'Muslim Americans: Faith, Freedom, and the Future', www.gallup.com, August 2011.

13. David Miller, 'Propaganda and the "Terror Threat" in the UK'. 다음에 수록됨. *Muslims and the News Media*, ed. E. Poole and J. Richardson (London, 2006).

1. James Reason, *The Human Contribution: Unsafe Acts, Accidents and Heroic Recoveries* (Farnham, 2008).

2. Sidney Dekker, *Just Culture: Balancing Safety and Accountability* (Farnham, 2012).

3. Chris Argyris, 'Double-loop Learning in Organizations', *Harvard Business Review*, LV/5 (1977), pp. 115~125.

4. International Civil Aviation Organization Working Paper, 'High-level Safety Conference' (Montreal, 2010).

5. Allan Frankel, Michael Leonard and Charles Denham, 'Fair and Just Culture, Team Behavior, and Leadership Engagement: The Tools to Achieve High Reliability', *Health Services Research*, XLI (2006), pp. 1690~1709; Jill Setaro and Mary Connolly, 'Safety Huddles in the PACU: When a Patient Self-medicates', *Journal of PeriAnesthesia Nursing*, XXVI/2 (2011), pp. 96~102.

6. Louise Hunt, 'Case Review Model Aims to End Social Work Blame Culture', *Community Care* (27 March 2012).

7. Health and Safety Executive, '£55,000 for Teacher Who Slipped on a Chip', www.hse.gov.uk (2014년 4월 19일에 접속함).

8. Helen Carter, 'Teacher Wins £14,000 for Fall from Toilet', *The Guardian* (23 April 2007).

9. Liebeck v. McDonald's Restraurants, New Mexico District Court, 18 August 1994.

10. CNNMoney, 'McDonald's Obesity Suit Tossed', www.money.cnn.com, 17 February 2003.

11. Andrew Hough, 'Lauren Rosenberg: US Woman Sues Google after Maps Directions Caused Accident', *The Telegraph* (2 June 2010).

12. Polly Rippon, 'Sheffield Fake Bus Injury Claims', *The Star* (18 August 2013).

13. 'Beware Falling Acorns! Health and Safety Lunacy Reaches New Peak with Warning Sign', *Daily Mail* (14 October 2010).

14. Kathleen Kendall and Rose Wiles, 'Resisting Blame and Managing Emotion in General Practice: The Case of Patient Suicide', *Social Science and Medicine*, LXX/11 (2010), p. 1716.

15. Natasha Deonarain, 'I Was Sued and Lived to Tell and Tale', www.kevinmd.com. 17 January 2013.

16. Osman Ortashi, Jaspal Virdee, Rudaina Hassan, Tomasz Mutrynowski and Fikri Abu-Zidan, 'The Practice of Defensive Medicine Among Hospital Doctors in the United Kingdom', *BMC Medical Ethics*, XIV/1 (2013), p. 42.

17. Manish Sethi, William Obremskey, Hazel Natividad, Hassan Mir and Alex Jahangir, 'Incidence and Costs of Defensive Medicine Among Orthopedic Surgeons in the United States: A National Survey Study', *American Journal of Orthopedics* (February 2012), pp. 69~73.

18. 'Doctors and Other Health Professionals Report Fear of Malpractice Has a Big, and Mostly Negative, Impact on Medical Practice, Unnecessary Defensive Medicine and Openness in Discussing Medical Errors', www.thefreelibrary.com, 7 February 2003.

19. Michelle Mello, Amitabh Chandra, Atul Gawande and David Studdert, 'National Costs of the Medical Liability System', *Health Affairs*, XXIX/9 (2010), pp. 1569~1577.

20. Michael Power, 'Evaluating the Audit Explosion', *Law and Policy*, XXV/3 (2003), pp. 199~200.

21. Carina Furåker, 'Nurses' Everyday Activities in Hospital Care', *Journal of Nursing Management*, XVII/3 (2009), p. 270.

22. Beda Sweeney, 'Audit Team Defence Mechanisms: Auditee Influence', *Accounting and Business Research*, XLI/4 (2011), pp. 333~356.

23. Irvine Lapsley, 'New Public Management: The Cruellest Invention of the Human Spirit?', *Abacus*, XLV/1 (2009), p. 13.

24. Simon Reed, 'Restoring Discretion', Annual Conference of the Confederation of Police Officers in England and Wales, Blackpool, 15 May 2007.

2부 우리가 깨닫지 못했던 비난의 순기능

4: 시민들, 비난으로 기업의 횡포에 맞서다

1. 다음을 참고하라. '10 Most-hated Companies in America', *Wall Street Journal* (14 January 2013).

2. Ingrid Eckerman, 'Chemical Industry and Public Health: Bhopal as an Example', www.ima.kth.se, 2001.

3. Roli Varma and Daya Varma, 'The Bhopal Disaster of 1984', *Bulletin of Science, Technology and Society*, XXV/1 (2005), pp. 37~45.

4. Edward Broughton, 'The Bhopal Disaster and its Aftermath: A Review', *Environmental Health*, IV/6(2005), pp. 1~6.

5. Ingrid Eckerman, *The Bhopal Saga: Causes and Consequences of the World's Largest Industrial Disaster* (India, 2005).

6. Lydia Polgreen and Haro Kumar, '8 Former Executives Guilty in '84 Bhopal Chemical Lead', *New York Times* (7 June 2010); 'Lack of Evidence Held up Anderson Extradition: MEA', *Times of India*, www.timesofindia.indiatimes.com, 10 June 2010.

7. Aaron Duff, 'Punitive Damages in Maritime Torts: Examining Shipowners' Punitive Damage Liability in the Wake of the Exxon Valdez Decision', *Seton Hall Law Review*, XXXIX/3 (2011), pp. 955~979.

8. Mark Thiessen, 'Court Orders $507.5 Million Damages in Exxon Valdez Spill', *Huffington Post* (15 May 2009).

9. Sean Cockerham, '25 Years Later, Oil Spilled from Exxon Valdez Still Clings to Lives, Alaska Habitat', *Anchorage Daily News* (21 March 2014); Joanna Walters, 'Exxon Valdez: 25 Years After the Alaska Oil Spill, the Court Battle Continues', *The Telegraph* (23 March 2014); Kirsten Stade, 'Exxon Valdez Recovery Remains Stuck In Limbo', www.peer.org, 15 July 2013.

10. 'In Your Community: McDonald's Educational Resource Materials', www.mcdonaldseducates.com (2014년 4월 22일에 접속함).

11. Joel Bakan, The Corporation: *The Pathological Pursuit of Profit and Power* (New York, 2005).

12. Sucheta Dalal, 'Death of a Whistleblower: The Satyendra Dubey Story', www.suchetadalal.com, 3 December 2003.

13. Marie Brenner, 'The Man Who Knew Too Much', *Vanity Fair* (May 1996).

14. National Resource Center, 'National Business Ethics Survey: How Employees View Ethics in Their Organization – 1994-2005' (Washington DC, 2005).

15. Brita Bjørkelo, Stale Einarsen, Morten Nielsen and Stig Matthiesen, 'Silence is Golden? Characteristics and Experiences of Self-reported Whistleblowers', *European Journal of Work and Organizational Psychology*, XX/2 (2011), pp. 206~238; Jessica Mesmer-Magnus and Chockalingam Viswesvaran, 'Whistleblowing in Organizations: An Examination of Correlates of Whistleblowing Intentions, Actions, and Retaliation', *Journal of Business Ethics*, LXLL/3 (2005), pp. 277~297.

16. Marcia Meceli, James Van Scotter, Janet Near and Michael Rehg, 'Responses to Perceived Organizational Wrongdoing: Do Perceiver Characteristics Matter?' 다음에 수록됨. *Social Influences on Ethical Behavior*, ed. J. M. Darley, D. M. Messick and T. R. Tyler (London, 2009), pp. 119~135.

17. Stephanos Avakian and Joanne Roberts, 'Whistleblowers in Organizations: Prophets at Work?', *Journal of Business Ethics*, CX/1 (2012), pp. 1~14.

18. Richard Lacayo and Amanda Ripley, 'Persons of the Year 2002: The Whistleblower Sherron Watkins of Enron, Coleen Rowley of the FBI, Cynthia Cooper of WorldCom', *Time* (30 December 2002).

19. Stephen Foley, 'Enron Whistleblower Tells Court of Lay Lies', *The Independent* (16 March 2006); 'Whistleblower Recalls Enron Crisis', www. news.bbc.co.uk, 12 September 2006.

20. Cynthia Cooper, *Extraordinary Circumstances: The Journey of a Corporate Whistleblower* (New Jersey, 2009); Greg Farrel, 'WorldCom's Whisleblower Tells Her Story', *USAToday*, www.usatoday30.usatoday.com, 14 February 2008.

21. Jennifer Bayot, 'Ebbers Sentenced to 25 Years in Prison for $ 11 Billion Fraud', *New York Times* (3 July 2005).

22. David Griffin, *The 9/11 Commission Report: Omissions and Distortions* (Northampton, MA, 2005); 'Coleen Rowley', www. americanswhotellthetruth.org (2014년 6월 16일에 접속함).

23. Stephen Campion, 'Whistleblowing: Managing Vexatious Complaints', The Hospital Consultants and Specialists Association (7 January 2012).

24. IRS, 'Whistleblower – Informant Award', www.irs.gov (2014년 4월 23일 에 접속함).

25. 'Whistleblowers Flood China's Anti-Corruption Hotline', *People's Daily Online* (30 June 2009).

26. Marleen Nicholson, 'McLibel: A Case Study in English Defamation Law', *Wisconsin International Law Journal*, XVIII/1 (2000), pp. 1~145.

27. Francis Lloyd, 'McLibel: Burger Culture on Trial', *University of Queensland Law Journal*, XX/2 (1999), pp. 340~344; Matt Haig, *Brand Failures: The Truth About the 100 Biggest Branding Mistakes of all Time* (London, 2005).

28. Student/Farmworker Alliance, 'Victory over Taco Bell', www.sfalliance.org

(2014년 4월 22일 접속함).

29. Stacy Tessier, 'Rethinking the Food Chain: Farmworkers and the Taco Bell Boycott', *Journal of Developing Societies*, XXXIII/1-2 (2007), pp. 89~97; Duncan Campbell, 'Farmworkers Win Historic Deal After Boycotting Taco Bell', *The Guardian* (12 March 2005).

30. Tescopoly, 'Local Shops', www.old.tescopoly.cucumber.netuxo.co.uk (2014년 4월 22일에 접속함).

31. Owen Bowcott, 'Bristol Riot over New Tesco Stores Leaves Eight Police Officers Injured', *The Guardian* (22 April 2011).

32. Patrick Kingsley, 'Stokes Croft: The Art of Protest', *The Guardian* (26 May 2011); '"Pay the Fine" Mug Sale Successful: Fund Raised', www.boycotttesco.wordpress.com, 7 May 2012.

33. John Barker, 'Carnival against Capitalism', www.vgpolitics.f9.co.uk, June 1999.

34. Barbara Ehrenreich, *Dancing in the Streets: A History of Collective Joy* (London, 2007), pp. 259~260; Benjamin Shepard, *Play, Creativity, and Social Movements: If I Can't Dance, It's Not My Revolution* (London, 2011).

35. Beautiful Trouble, 'The Teddy Bear Catapult', www.beautifultrouble (2014년 4월 23일에 접속함).

36. Adbusters, 'About Adbusters', www.adbusters.org (2014년 4월 23일에 접속함).

37. The Yes Men, 'Identitiy Correction', www.theyesmen.org (2014년 4월 28일에 접속함).

38. 'Bhopal Disaster – BBC – The Yes Men', www.youtube.com (2 January

2007).

39. 'Bhopal Hoax Sends Dow Stock Down', www.cnn.com, 3 December 2004; Carl Bialik, 'BBC is Victim of Hoax in Report on Bhopal', *Wall Street Journal* (6 December 2004).

40. Dagny Nome, 'Culture Jamming', Copenhagen Business School, 미출간 논문, www.anthrobase.com, 2001.

41. Naomi Klein, No Logo: *Taking Aim at the Brand Bullies* (Toronto, 2000), p. 297.

42. 다음을 참고하라. WANGO, 'NGO Handbook', www.wango.org, 18 February 2010.

43. Matthew Hilton, James McKay, Nicholas Crowson and Jean-Francois Mouhot, *The Politics of Expertise: How NGOs Shaped Modern Britain* (Oxford, 2013).

44. P. J. Simmons, 'Learning to Live With NGOs', *Foreign Policy*, CXII (Autumn 1988), p. 83.

45. Peter Willetts, *Non-goernmental Organizations in World Politics: The Construction of Global Governance* (Oxford, 2010).

46. Jon Burchell and Joanne Cook, 'Banging on Open Doors? Stakeholder Dialogue and the Challenge of Business Engagement for UK NGOs', *EnvironmetnalPolitics* XX/6 (2011), p. 927.

47. Earth First!, 'About Earth First!', www.earthfirst.org (2014년 4월 21일에 접속함).

48. 위의 글.

49. Tony Rice and Paula Owen, *Decommissioning the Brent Spar* (London, 2003); Ragnar Löfstedt and Ortwin Renn, 'The Brent Spar Controversy: An Example of Risk Communication Gone Wrong', *Risk Analysis*, XIII/2 (1997), pp. 131~136.

50. Kristian Tangen, 'Shell: Struggling to Build a Better World?', The Fridtjof Nansen Institute, Report 1 (2003).

51. 'About Us', www.citizen.org (2014년 10월 8일에 접속함).

5: 비난에 대처하는 거대 기업의 꼼수

1. Nicky Hager and Bob Burton, *Secrets and Lies* (Nelson, New Zealand, 1999).

2. 위의 책. p. 32.

3. 위의 책. pp. 120~121.

4. 위의 책. pp. 35, 38.

5. 위의 책. pp. 159~167.

6. 위의 책. pp. 35~36.

7. 위의 책. p. 43.

8. 위의 책. p. 72.

9. 이 사건에 대한 상세 내용은 다음에 보도됐다. SourceWatch, 'When Helicopters Attack: A Near Accident Leads to Coverup', www.sourcewatch.

org, 16 February 2008.

10. TVNZ One News, 'Timberlands PR Breached Rules', www.tvnz.co.nz, 12 May 2001.

11. IPG, 'Interpublic Group is Committed to Our Five Core Values', www.interpublic.com (2014년 4월 25일에 접속함).

12. 하지만 버네이즈는 조작과 선동이 전체주의적 목적에 쓰이는 것은 두려워했다. 히틀러의 선전 장관 요제프 괴벨스(Joseph Goebbels)가 버네이즈의 글을 높이 산 것으로 알려져 있는데, 버네이즈가 오스트리아 출생 유대인인 것을 생각하면 아이러니다.

13. Sheldon Rampton and John Stauber, *Trust Us, We're Experts! How Industry Manipulates Science and Gambles With Your Future* (New York, 2001), p. 45.

14. 'Front Groups', The Center for Media and Democracy, www.sourcewatch.org, 26 March 2013.

15. 'Best Public Relations That Money Can Buy: A Guide to Food Industry Front Groups', Center for Food Safety, www.centerforfoodsafety.org, May 2013, p. 13.

16. 'About EID', Energy in Depth, www.energyindepth.org (2014년 4월 25일에 접속함).

17. 'About the International Food Information Council', IFIC, www.ific.us, 2011.

18. Center for Food Safety, 'Best Public Relations', p. 11.

19. 'Policy Objectives of the Wise Use Movement', www.wildwilderness.org (2014년 4월 24일에 접속함).

20. James McCarthy, 'First World Political Ecology: Lessons from the Wise Use Movement', *Environmentand Planning*, XXIV/7 (2002), pp. 1281~1302; Sharon Beder, 'The Changing Face of Conservation: Commodification, Privatisation and the Free Market'. 다음에 수록됨. *Gaining Ground: In Pursuit of Ecological Sustainability*, ed. D. M. Lavingne (Guelph, 2006), pp. 83~97.

21. Center for Consumer Freedom, 'About Us: What is the Center for Consumer Freedom?' www.consumerfreedom.com (2014년 4월 23일에 접속함).

22. 'Adbusters Overview', www.activistcash.com (2014년 4월 23일에 접속함).

23. Denise Deegan, *Managing Activism: A Guide to Dealing with Activists and Pressure Groups* (London, 2001), Keva Silversmith, A *PR Guide to Activist Groups* (2004).

24. Stephen Armstrong, 'The New Spies', *New Statesman* (7 August 2008).

25. Student/Farmworker Alliance, 'Busted, Part 2: Spy Scandal Linked to BK CEO!' www.sfalliance.org, 14 May 2008.

26. Amy Bennett, 'Burger King Fires Two for Posts About Farm-workers', *Fort Myers News Press* (14 May 2008); Eric Scholosser, 'Burger With Side of Spies', *New York Times* (7 May 2008).

27. Julie M. Rodriguez, 'Dow Chemical Pays Corporate Spies to Track Activist Group "The Yes Men"', www.care2.com, 29 February 2012; WikiLeaks, 'The Global Intelligence Files List of Documents. Release Stratford [sic] Monitored Bhopal Activists Including the Yes Men for Dow Chemical and Union Carbide', www.wikileaks.org, 27 February 2012.

28. Eamon Javers, *Broker, Trader, Lawyer, Spy: The Secret World of Corporate*

Espionage (New York, 2010), p. x. 다음을 참고하라. William Dinan and David Miller, eds. *Thinker, Faker, Spinner, Spy: Corporate PR and the Assault on Democracy* (London, 2007); 다음도 참고하라. Paul Demko 'Corporate Spooks: Private Security Contractors Infiltrate Social Justice Organizations', UTN Reader (Janaury-February 2009); Stephen Armstrong, 'The New Spies', *New Statesman* (7 August 2008).

29. John Stauber and Sheldon Rampton, 'MBD: Mission Despicable', *PR Watch*, second quarter, III/2 (1966).

30. John Elkington, 'Towards the Sustainable Corporation: Win-win-win Business Strategies for Sustainable Development', *California Management Review*, XXXVI/2 (1994), pp. 90~100.

31. Corporate Knights, 'The Global 100: World Leaders in Clean Capitalism', www.global100.org (2014년 4월 25일에 접속함).

32. 'Our Code: It's What We Believe In', www.bp.com (2014년 4월 25일에 접속함).

33. 'Ford Still Maeks America's Worst Gas Guzzlers', www.publicmediacenter. org (2014년 4월 25일에 접속함).

34. 'Making and Selling Responsibly', *Imperial Tobacco Annual Report and Accounts*, www.imperial-tobacco.com, 2011.

35. N. Jennifer Rosenberg and Michael Siegel, 'Use of Corporate Sponsorship as a Tobacco Marketing Tool: A Review of Tobacco Industry Sponsorship in the USA, 1995-99', *Tobacco Control*, X/3 (2001), pp. 239~246.

36. Shiv Malik, 'Arms Manufacturer Halts National Gallery Sponsorship after Protests', *The Guardian* (10 October 2012).

37. Lee Fang, 'Does the NRA Represent Gun Manufacturers or Gun Owners?', *The Nation* (14 December 2012).

38. Deborah Philips and Garry Whannel, *The Trojan Horse: The Growth of Commercial Sponsorship* (London, 2013).

39. Ian Roberts, 'Corporate Capture and Coca-Cola', *The Lancet*, CCCLXXII/9654 (2008), pp. 1934~1935.

40. Slovoj Žižek, 'Nobody Has to be Vile', *London Review of Books*, XXVIII/7 (2006), p. 10.

41. 'Corporate Responsibility: Community Investment', Katanga Mining Limited, www.katangamining.com, April 2014; Hannah Poole Hahn, Karen Hayes and Azra Kacapor, 'Breaking the Chain: Child Mining in the Democratic Republic of Congo'. www.pactworld.org, October 2013.

6: 부도덕한 정부를 향해 비난의 목소리를 높여라

1. OECD, *Government at a Glance* (Paris, 2013).

2. Georg Wenzelburger, 'Blame Avoidance, Electoral Punishment and the Perceptions of Risk', *Journal of European Social Policy*, XXIV/1 (2014), pp. 80~91.

3. Christopher Hood, *Blame Game: Spin, Bureaucracy, and Self-preservation in Government* (Princeton, NJ, 2010).

4. Jon Kelly, 'The 10 Most Scandalous Euphemisms', *BBC News Magazine*,

www.bbc.co.uk, 15 May 2013.

5. Denis Thompson, 'Moral Responsibility of Public Officials: The Problem of Many Hands', *American Political Science Review*, LXXIV (1980), pp. 905~916.

6. Robert Behn, *Rethinking Democratic Accountablity* (Washington, DC, 2001), p. 3.

7. 'IMC Europe Poll', www.theguardian.com, 2011.

8. Russell Dalton and Steven Weldon, 'Public Images of Political Parties: A Necessary Evil?' *West European Politics*, XXVIII/5 (2005), pp. 931~951.

3부 비난 사회를 넘어 회복 사회로!

7: 진정한 사과는 가장 현명한 비난 대처법

1. Eshun Hamaguchi, 'A Contextual Model of the Japanese: Toward a Methodological Innovation in Japan Studies', *Journal of Japanese Studies*, XI/2 (1985), pp. 289~321.

2. '9th LD: Hatoyama Quits Before Election, Hit by U.S. Base Fiasco', www.thefreelibrary.com, 2 June 2010.

3. 다음을 참고하라. William Maddux, Peter Kim, Tesushi Okumura and Jeanne Brett, 'Cultural Differences in the Function and Meaning of

Apologies', *International Negotiation*, XXVI/3 (2011), pp. 405~425.

4. Kim Willsher, 'John Galliano Sacked by Christian Dior Over Alleged Anti-Semitic Rant', *The Guardian* (1 March 2011); Lindsay Goldwert, 'John Galliano Anti-Semitic Rant Caught on Video; Slurs On Camera "I Love Hitler"', *New York Daily News* (28 February 2011).

5. 'John Galliano Apoligizes: "I Only Have Myself to Blame"', *Huffington Post* (3 February 2011).

6. Esther Addley, 'Disgraced Fashion Designer John Galliano Makes a Comeback', *The Guardian* (18 January 2013), p. 5.

7. Oliber Burkeman, 'Breaking Oprah's Rules: A Confession without Confessing', *The Guardian* (19 January 2013), p. 40.

8. Willy Brandt, *My Life in Politics* (London, 1992), p. 200.

9. 위의 책. p. 200.

10. Joretta Purdue, '"Haunted" UM Pastor Reconciles with His Past', *United Methodist Review* (21 February 1997), p. 2.

11. Tom Bowman, 'Veteran's Admission to Napalm Victim a Lie: Minister Says He Never Meant to Deceive with "Story of Forgiveness"', *Sun National* (14 December 1997).

12. 'Chris Huhne and Vicky Pryce Jailed: Judge's Sentencing Remarks in Full', *The Telegraph* (11 March 2013).

13. Ahan Kim, 'Lawmaker Backs Off Remark About Men Wearing Diapers on Their Heads', *Cox News Service*, ocssa.tripod.com, 21 September 2001.

14. 'Drone Strikes Kill, Maim and Traumatize Too Many Civilians, U.S. Study

Says', CNN Wire Staff, www.cnn.co.uk, 26 September 2012.

15. 다음에 게재됨. Zohar Kampf, 'Public (Non-) Apologies: The Discourse of Minimizing Responsibility', *Journal of Pragmatics*, XLI/11 (2009), p. 2261.

16. 위의 글.

17. Michael Skapinker, 'The Sorry Business of Corporate Apologies', FT.com, 11 Jauary 2010.

18. Guy Anker, 'Lloyds Says Sorry for Mis-selling', MoneySavingExpert.com, 14 June 2011.

19. 'Full Transcript of PM's Speech', *The Australian*, 14 February 2008.

20. 'Bloody Sunday: PM David Cameron's Full Statement', www.bbc.co.uk, 15 June 2010.

21. Rhoda Howard-Hassmann and Mark Gibney, 'Introduction: Apologies and the West'. 다음에 수록됨. *The Age of Apology: Facing Up to the Past*, ed. M. Gibney (Philadelphia, PA, 2008).

22. Anne Davies, 'Apology Was a Mistake, Says Feisty Howard', theage.com. au, 12 March 2008.

23. 'If Armenian "Genocide" Proven, Turkey Will Apologize, Says Bagis', www.todayszaman.com, 2 April 2012.

24. 'Statement by the Chief Cabinet Secretary Yohei Kono on the Result of the Study on the Issue of "Comfort Women"', Ministry of Foreign Affairs of Japan, www.mofa.go.jp, 3 August 1993.

25. Alasdair MacIntyre, *After Virtue: A Study in Moral Theory* (Bloomington, IN, 2007).

1. 다음을 토대로 함. Janice Wearmouth, Rawry Mckinney and Tedd Glynn, 'Restorative Justice in Schools: A New Zealand Example', *Educational Research*, XLIX/1 (2007), pp. 37~49.

2. 'Contemporaneous Record of a Restorative Justice Conference', www. why-me.org, October 2012.

3. Jung Jin Choi and Margaret Severson, '"What! What Kind of Apology is This?" The Nature of Apology in Victim Offender Mediation', *Children and Youth Services Review*, XXXi/7 (2009), p. 818.

4. Lawrence Sherman and Heather Strang, *Restorative Justice: The Evidence* (London, 2007).

5. 'A Zero-tolerance School that Gave Pupils 717 Detentions in Three Days for Petty Offences was Slammed by Parents Yesterday', *Mirror News* (8 April 2011); 'Zero Tolerance: Pupils Put into "Isolation" For Wearing the "Wrong" Uniform to School', *Bournemouth Daily Echo* (6 September 2013).

6. Russell Skiba and Reece Peterson, 'The Dark Side of Zero Tolerance: Can Punishment Lead to Safe Schools?', *Phi Delta Kappan*, LXXX/5 (1999), pp. 372~382; Daniel Losen and Russell Skiba, 'Suspended Education', Southern Poverty Law Center, Montgomery, Alamaba (2010), www. splcenter.org.

7. Deborah Fowler, Rebecca Lightsey, Janis Monger, Erica Terrazas and Lynn White, 'Texas's School-to-Prison Pipeline: Droupout to Incarceration', www.texasappleseed.net, October 2007.

8. Cecil Reynolds, Russell Skiba, Sandra Graham, Peter Sheras, Jane Conoley and Enedina Garcia-Vazquez, 'Are Zero Tolerance Policies Effective in the Schools? An Evidentiary Review and Recommendations', *American Psychologist*, LXIII.9 (2008), pp. 852~862; Lisa Cameron and Margaret Thorsborne, 'Restorative Justice and School Discipline: Mutually Exclusive?' 다음에 수록됨. *Restorative Justice and Civil Society*, ed. H. Strang and J. Braithwaite (Cambridge, 2001).

9. 다음을 참고하라. Jeremy Smith, 'Can Restorative Justice Keep Schools Safe?', www.greatergood.berkeley.edu, 6 March 2011.

10. 인용문은 모두 다음에 나온다. 'National Evaluation of the Restorative Justice in Schools Programme', Youth Justice Board Publication (D61), Youth Justice Board for England and Wales, 2004.

11. David Karp and Beau Breslin, 'Restorative Justice in School Communities', *Youth and Society*, XXXIII/2 (2001), p. 270; Jeanne Stinchcomb, Gordon Bazemore and Nancy Riestenberg, 'Beyond Zero Tolerance: Restoring Justice in Secondary Schools', *Youth Violence and Juvenile Justice*, IV/2 (2006), pp. 123~147.

12. Susan Duncan, 'Workplace Bullying and the Role Restorative Practives Can Play in Preventing and Addressing the Problem', *Industrial Law Journal*, XXXII (2011), p. 2331.

13. Les Davey, 'Restorative Practices in Workplaces', www.restorativejustice.org.uk, 7 November 2010.

14. Simon Green, Gerry Johnstone and Craig Lambert, 'Reshaping the Field: Building Restorative Capital', *Restorative Justice*, 1/3 (2013), pp. 305~325.

15. 위의 글. p. 314.

16. 위의 글. p. 317.

17. 위의 글. p. 318.

18. IPCC, 'IPCC Investigations: A Survey Seeking Feedback from Complainants and Police Personnel' (London 2009); Ade Adepitan, 'So Many Complaints, So Little Action: Do the Police Take Racism Seriously?', *The Guardian* (16 June 2014); Tamar Hopkins, 'An Effective System for Investigating Complaints Agaisnt the Police', Victoria Law Foundation (Melbourne, 2009).

19. Tim Prenzler, Mateja Mihinjac and Louise Porter, 'Reconsiling Stakeholder Interests in Police Complaints and Discipline Systems', *Police Practice and Research*, XIV/2 (2013), pp. 55~168; Richard Young, Carolyne Hoyle, Karen Cooper and Roderick Hill, 'Informal Resolution of Complaints against the Police: A Quasi-experimental Test of Restorative Justice', *Criminal Justice*, V/3 (2005), pp. 279~317.

20. Madeline Fullard and Nicky Rousseau, 'Truth Telling, Identities, and Power in South Africa and Guatemala', International Center for Transnational Justice (New York, 2009); Jay Vora and Erika Vora, 'The Effectiveness of South Africa's Truth and Reconciliation Commission: Perceptions of Xhosa, Afrikaner, and English South Africans', *Journal of Black Studies*, XXXIV/3 (2004), pp. 301~322.

21. 'The Voice of "Prime Evil"', www.news.bbc.co.uk, 28 October 1998.

22. Leigh Payne, *Unsettling Accounts: Neither Truth nor Reconciliation in Confessions of State Violence* (Durham, 2007), p. 265.

23. Zenon Szablowinski, 'Between Forgivenss and Unforgiveness', *Heythrop Journal*, LI/3 (2010), p. 476.

24. Frederic Luskin, *Forgive for Good* (New York, 2010); Michael McCullough, Kenneth Pargament and Carl Thoresen, eds. *Forgiveness: Theory, Research, and Practice* (New York, 2000).

25. Jeanne Safer, *Forgiving and Not Forgiving: Why Sometimes it's Better Not to Forgive* (New York, 1999).

26. Jan-Heiner Tuck, 'Unforgivable Forgiveness? Jankelevitch, Derrida, and a Hope Against All Hope?', *Communio*, XXXI/4 (2004), p. 528.

참고 문헌

1부 | 우리는 왜 다른 이를 비난하는가?

1: 비난이 일상이 된 사회

Coates, D. Justin, and Neal Tognazzini, eds. *Blame: Its Nature and Norms* (Oxford, 2013)

Lamb, Sharon, *The Trouble with Blame* (Cambridge, MA, 1996)

Louie, Sam, *Asian Honor: Oversoming the Culture of Silence* (Bloomington, 2012)

Rapley, Robert, *Witch Hunts: From Salem to Guantanamo Bay* (Quebec, 2007)

2: 언제, 어디에나 희생양은 존재한다

Allen, Chris, *Islamophobia* (Farnham, 2010)

Critcher, Chas, *Moral Panics and the Media* (Berkshire, 2003)

Furedi, Frank, *Moral Crusades in an Age of Mistrust: The Jimmy Savile Scandal* (London, 2013)

Goode, Erich, and Nachman Ben-Yehuda, *Moral Panics: The Social Construction of Deviance* (London, 2009)

Wilson, John, and Boris Drozdek, eds. *Broken Spirits: The Treatment of Traumatized Asylum Seekers, Refugees, War and Torture Victims* (London, 2004)

3: 무분별한 비난이 경직된 사회를 만든다

Dekker, Sidney, *Just Culture: Balancing Safety and Accountability* (Farnham, 2012)

Hood, Christopher, *The Blame Game: Spin, Bureaucracy, and Self-preservation in Government* (Princeton, 2010)

Power, Michael, *The Audit Society: Rituals of Verification* (Oxford, 1997)

Whittingham, Robert, *The Blame Machine: Why Human Error Causes Accidents* (London, 2004)

Williams, Kevin, 'State of Fear: Britain's "Compensation Culture" Reviewed', *Legal Studies*, XXV/3 (2005), pp. 499~514

2부 우리가 깨닫지 못했던 비난의 순기능

4: 시민들, 비난으로 기업의 횡포에 맞서다

Alford, Fred, *Whistleblowers: Broken Lives and Organizational Power* (Ithaca, NY, 2001)

Jordan, Tim, *Activism: Direct Action, Hacktivism and the Future of Society* (London, 2002)

Klein, Naomi, *No Logo: Taking Aim at the Brand Bullies* (Toronto, 2000)

Lipman, Frederick, *Whistleblowers: Incentives, Disincentives and Protection Strategies* (New York, 2011)

Verso, ed., *We Are Everywhere—The Irresistible Rise of Global Anticapitalism* (London, 2003)

5: 비난에 대처하는 거대 기업의 꼼수

Apollonio, Dorie, and Lisa Bero, 'The Creation of Industry Front Groups: The Tobacco Industry and "Get Government off Our Back"', *American Journal of Public Health*, XCVII/3 (2007), pp. 419~427

Banerjee, Bobby, *Corporate Social Responsibility: The Good, the Bad and the Ugly* (Northampton, MA, 2007)

Javers, Eamon, *Broker, Trader, Lawyer, Spy: The Secret World of Corporate*

Espionage (New York, 2010)

Oliver, Sandra, *Public Relations Strategy* (London, 2009)

6: 부도덕한 정부를 향해 비난의 목소리를 높여라

Bowles, Nigel, James Hamilton and David Levy, eds. *Transparency in Politics and the Media: Accountability and Open Government* (London, 2013)

Hood, Christopher, *Blame Game: Spin, Bureaucracy, and Self-preservation in Government* (Princeton, NJ, 2010)

Hughes, Andy, *A History of Political Scandals: Sex, Sleaze and Spin* (Barnsley, 2013)

Thompson, John, *Political Scandal: Power and Visibility in the Media Age* (Cambridge, 2000)

3부 비난 사회를 넘어 회복 사회로!

7: 진정한 사과는 가장 현명한 비난 대처법

Kampf, Zohar, 'Public (Non-) Apologies: The Discourse of Minimizing

Responsibility', *Journal of Pragmatics*, XLI/11 (2009), pp. 2257~2270

Lind, Jennifer, *Sorry States: Apologies in International Politics* (New York, 2010)

Proeve, Michel, and Steven Tudor, *Remorse: Psychological and Jurisprudential Perspectives* (Farnham, 2010)

Smith, Nick, *I Was Wrong: the Meanings of Apologies* (Cambridge, 2008)

8: 비난이 모든 문제의 해결책은 아니다

Bohm, Tomas, and Suzanne Kaplan, *Revenge: On the Dynamics of a Frightening Urge and its Taming* (London, 2011)

Rotberg, Robert, and Dennis Thompson, *Truth v. Justice: The Morality of Truth Commissions* (Princeton, NJ, 2010)

Safer, Jeanne, *Forgiving and Not Forgiving: Why Sometimes it's Better not to Forgive* (New York, 2000)

Strickland, Ruth, *Restorative Justice* (New York, 2004)

국민은 정부와 기업의 활동이나 의사 결정에 대해

질문할 정당한 자격과 의무가 있으며,

정부와 기업은 그것에 대해

성실히 설명 책임을 다해야 한다!

비난의 역설

초판 1쇄 인쇄 2017년 2월 15일
초판 1쇄 발행 2017년 2월 27일

지은이 스티븐 파인먼 옮긴이 김승진 펴낸이 김종길 펴낸 곳 글담출판사

책임편집 김보라 편집 박성연 · 이은지 · 이경숙 · 김보라 · 안아람
마케팅 박용철 · 임우열 디자인 정현주 · 박경은 · 이고은 홍보 윤수연 관리 김유리

출판등록 1998년 12월 30일 제2013-000314호
주소 (121-840) 서울시 마포구 양화로 12길 8-6(서교동) 대륭빌딩 4층
전화 (02) 998-7030 팩스 (02) 998-7924
페이스북 www.facebook.com/geuldam4u 인스타그램 geuldam

ISBN 979 - 11 - 87147 - 13 - 8 03300
책값은 뒤표지에 있습니다.
잘못된 책은 바꾸어 드립니다.

이 도서의 국립중앙도서관 출판시도서목록(CIP)은 e-CIP 홈페이지(http://www.nl.go.kr/ecip)와 국가자료공동목록시스템(http://www.nl.go.kr/kolisnet)에서 이용하실 수 있습니다. (CIP 제어번호 : 2017003104)

글담출판에서는 참신한 발상, 따뜻한 시선을 가진 원고를 기다리고 있습니다. 원고는 글담출판 블로그와 이메일을 이용해 보내주세요. 여러분의 소중한 경험과 지식을 나누세요.
블로그 http://blog.naver.com/geuldam4u 이메일 geuldam4u@naver.com